EASY READER SERIES

Easy *Italian* Reader

EASY READER SERIES

Easy *Italian* Reader

A Three-Part Text for Beginning Students

Riccarda Saggese

McGraw·Hill

New York   Chicago   San Francisco   Lisbon   London   Madrid   Mexico City
Milan   New Delhi   San Juan   Seoul   Singapore   Sydney   Toronto

　14　15　16　17　18　19　20　21　22　23　24　QFR/QFR　1　5　4　　　(0-07-143957-9)
　7　　8　　9　10　11　12　13　14　15　16　17　18　QFR/QFR　1　5　4　　　(0-07-160336-0)

ISBN 978-0-07-160334-8 (book and CD-ROM set)
MHID　　0-07-160334-4 (book and CD-ROM set)

ISBN 978-0-07-160336-2 (book for set)
MHID　　0-07-160336-0 (book for set)

ISBN 978-0-07-143957-2 (book alone)
MHID　　0-07-143957-9 (book alone)

Library of Congress Control Number: 2008925288

McGraw-Hill books are available at special quantity discounts to use as premiums and sales promotions or for use in corporate training programs. To contact a representative, please visit the Contact Us pages at www.mhprofessional.com.

CD-ROM for Windows
To install: Insert the CD-ROM into your CD-ROM drive. The CD-ROM will start automatically. If it does not, double-click on MY COMPUTER; find and open your CD-ROM disk drive, then double-click on the install.exe icon.

Minimum System Requirements:
Computer: Windows 2000, XP, Vista
Pentium III, or better
256 MB RAM
14" color monitor
8× or better CD-ROM
Sound card
Installation: Necessary free hard-drive space: 150 MB
Settings: 800 × 600 screen resolution
256 (8-bit) colors (minimum)
Thousands (24- or 32-bit) of colors (preferred)

CD-ROM for Mac
To install: Insert the CD-ROM into your CD-ROM drive. A window will open with the contents of the CD. Drag the program icon to your Applications folder. For easy access, create an alias of the program on your desktop or your dock.

Call 800-722-4726 if the CD-ROM is missing from this book.
For technical support go to http://www.mhprofessional.com/support/technical/contact.php

a Giuseppe

Indice

PARTE TERZA
Scrittori contemporanei

Introduction

*E*asy *Italian Reader* is the perfect book for those who want to delve into the world of Italian. The glossed words and personal presentation of the material will help facilitate the reader's enjoyment of each of the three parts: "Antonio e Christine," "Fatti e figure della nostra storia," and "Scrittori contemporanei." Each reading is followed by comprehension questions and activities. In addition, a "Ripasso" interspersed between groups of chapters in all three parts contains a summary of material covered up to that point along with other activities, including crossword puzzles, to help you practice the information given in the previous chapters.

Part One takes the reader on a journey with Christine, an American girl who has moved with her family to Rome, Italy. The language student will be able to identify with Christine as she learns about Italian culture and she learns to speak the language. Antonio, Christine's Roman friend, accompanies her and helps her discover the beauty of his country and culture. With his help, Christine learns about Italian holidays and how her life in the United States is both similar to and different from her life in Italy.

Part Two offers a crash course in the rich history of Italy beginning in Ancient Rome with the story of Romulus, the legendary founder of the city, to Marco Polo, whose epic journeys to the Orient changed Italian history forever, to the present day with prominent figures such as Silvio Berlusconi.

Part Three adds a special flavor: literature. Three prominent twentieth-century writers are highlighted giving the reader insight into and knowledge of the inner workings of Italian society. First, a young girl fights against stereotypes by affirming her right to be free to make choices for herself in an excerpt from Lara Cardella's *Volevo i Pantaloni*. Next, the quintessential Italian author Alberto Moravia takes the reader on a trip through mid-twentieth-century Rome in his short story *Le Luci di Roma*. Finally, *Vita*, by Melania Mazzucco, traces the story of an Italian peasant girl who immigrates to New York in the early 1900s and the problems she faces adapting to her new surroundings. With glossed words and helpful activities, these works of literature will help the learner gain confidence in reading and comprehending authentic Italian texts.

Easy Italian Reader is a great tool for introducing Italian culture, history, and literature as well as providing useful questions and entertaining activities to guide the learner's educational trip. What better way to learn Italian culture and language than by having fun?

Easy *Italian* Reader

PARTE PRIMA

Antonio e Christine

Christine, la sua amica Jennifer e Antonio al Colosseo   © *Marco Cristofori/CORBIS*

I Due amici

Antonio e Christine sono amici. Antonio è un ragazzo italiano: è di Roma. Il suo cognome è Ciampi. Christine è una ragazza americana: è di Lancaster, una piccola città della Pennsylvania. È in Italia con la sua famiglia. Il suo cognome è Smith.

Antonio è gentile e simpatico. Christine è carina e allegra. A scuola di Antonio ci sono molti studenti. Alcuni sono italiani, altri di diverse nazionalità: marocchini, albanesi e polacchi. La scuola di Antonio è nuova, bella e grande. La scuola di Christine è piccola. Ci sono solo studenti americani.

Dopo la lettura

A. **Rispondi alle domande con frasi complete. (Reply to the questions in complete sentences.)**
   1. Di che nazionalità è Antonio?
   2. Di dov'è Christine?
   3. Ciampi è il cognome di Antonio o di Christine?
   4. Christine è in Italia da sola?
   5. Com'è Christine?
   6. Nella scuola di Antonio ci sono solamente studenti italiani?
   7. È grande la scuola di Christine?

B. **Completa ogni frase con le informazioni fornite dal testo. (Complete each sentence with information from the text.)**

   1. Antonio non è americano, è _____.

   2. Il cognome di Christine non è Ciampi, è _____.

   3. La scuola di Antonio non è piccola, è _____.

   4. Gli studenti della scuola di Christine non sono italiani, sono _____.

② Gli studi

Antonio frequenta l'ultimo anno del liceo classico. Le sue materie°
preferite sono latino, scienze e inglese. I professori sono bravi, ma molto
esigenti°. Interrogano gli studenti ogni giorno e assegnano° molti
compiti.

Antonio è un bravo studente; ogni giorno studia molte ore con il suo
amico Bruno. Entrambi° prendono sempre buoni voti. Quest'anno
hanno il difficile esame di maturità°. Dopo il liceo i due ragazzi
desiderano studiare medicina per curare i bambini ammalati.

La sera, quando sono stanchi di studiare, Antonio e Bruno
incontrano° Christine e la sua amica Jennifer al bar Tre Scalini in piazza
Navona. Insieme bevono° un caffè e parlano italiano e inglese.

Qualche volta vanno° a giocare a biliardo e a calcetto° in un centro
giovanile o guardano una partita° di pallacanestro alla televisione.

Il ristorante Tre Scalini © *Riccarda Saggese*

materie *subjects*

esigenti *demanding*

assegnano *give, assign*

entrambi *both*

esame di maturità *high school final exam*

incontrano *meet*

bevono *drink*

vanno *go*

calcetto *foosball*

partita *match*

Dopo la lettura

A. **Rispondi alle domande con frasi complete.**
   1. Quale scuola frequenta Antonio?
   2. Perchè Antonio e Bruno studiano molto?
   3. Che cosa desiderano fare da grandi i due ragazzi?
   4. Cosa fanno la sera Antonio e Bruno in piazza Navona?
   5. I due ragazzi giocano a pallacanestro?

B. **Rileggi il testo e trova il contrario delle seguenti parole.**
   (Reread the text and find the antonym of the following words.)
   1. Nemico
   2. Poco
   3. Primo
   4. Cattivo
   5. Sano
   6. Facile

3 La famiglia di Antonio

La famiglia Ciampi è molto grande e vive in un ampio appartamento al centro di Roma. Antonio ha due fratelli e due sorelle. Suo padre si chiama Luigi e sua madre Anna. Luigi è ingegnere. Lavora per un'industria chimica e non è mai° a casa perchè fa molti viaggi. Le lingue straniere sono importanti per il suo lavoro. L'ingegner Ciampi parla bene l'inglese, il francese e lo spagnolo. La signora Ciampi è professoressa d'italiano e latino in un liceo scientifico. I suoi studenti sono bravi e diligenti°. Anna è una donna molto dinamica. Ama cucinare. Spesso° la domenica prepara il piatto preferito da Antonio e dai suoi fratelli: l'arrosto di maiale con le patatine fritte. Nel tempo libero Anna legge romanzi contemporanei o va in piscina con le amiche.

I fratelli di Antonio hanno rispettivamente° nove e dieci anni e frequentano la scuola elementare. Ogni giovedì pomeriggio giocano a calcio° nella squadra della scuola. Le sorelle di Antonio hanno dodici e quattordici anni. Frequentano la scuola media. Ogni venerdì pomeriggio hanno lezione di danza.

mai *never*
diligenti *hardworking*
spesso *often*
rispettivamente *respectively*
calcio *soccer*

Dopo la lettura

A. Rispondi alle domande con frasi complete.

1. Dove abita la famiglia di Antonio?
2. Quante persone ci sono nella sua famiglia?
3. Quale lavoro fa il padre?
4. Perchè sono importanti le lingue straniere per lui?
5. Quali materie insegna la madre di Antonio?
6. Quali attività interessano ad Anna?
7. I fratelli di Antonio sono più grandi delle sorelle?
8. Che cosa fanno le sorelle di Antonio il venerdì?

B. Attività. (Read the instructions and complete each activity.)

1. Descrivi la tua famiglia. (Parla dei tuoi nonni, dei tuoi zii, cugini...)
2. Individua un oggetto che ti ricorda una persona della tua famiglia (una foto, un disco, un libro, un fiore...) e spiega perchè è importante per te questa persona.

4 La famiglia di Christine

La famiglia di Christine Smith è composta da tre persone: il padre, la madre e Christine. Il padre di Christine si chiama Eric. La madre si chiama Susan. Eric è un po' severo, ma simpatico. Susan è allegra e divertente. Christine non ha fratelli. È figlia unica.

La madre di Christine insegna inglese in una scuola privata. Va al lavoro tutti i giorni tranne° il giovedì. Nel tempo libero gioca a tennis o va al cinema con le amiche. Il padre di Christine è giornalista. Lavora a Roma come corrispondente per un giornale° americano. Scrive articoli di politica estera°. Per il suo lavoro usa spesso il computer ed il cellulare. Qualche volta° va all'estero ed intervista° famosi uomini politici. Christine ammira molto suo padre. È molto orgogliosa° di lui.

Spesso il sabato i signori Smith ricevono gli amici ed invitano anche Antonio. Il ragazzo è felice di vedere Christine e di discutere con lei degli studi, dei prossimi esami, degli amici.

I genitori di Christine non hanno l'automobile. A Roma c'è molto traffico e loro preferiscono usare i mezzi° pubblici, mentre la loro figlia ha un motorino° per circolare in città.

Christine frequenta la scuola americana. È all'ultimo anno dell'high school. Le sue materie preferite sono l'inglese, l'italiano e la storia. Da grande vuole° fare la giornalista come suo padre.

tranne *except*
giornale *newspaper*
estera *foreign*
qualche volta *sometimes*
intervista *he interviews*
orgogliosa *proud*
mezzi *means of transportation*
motorino *moped*
vuole *she wants*

Dopo la lettura

A. Rispondi alle domande con frasi complete.
1. La famiglia di Christine è una famiglia grande?
2. Dove lavorano i genitori di Christine?
3. Perchè il padre di Christine va all'estero?
4. Quanti fratelli ha Christine?
5. Di che cosa parlano Antonio e Christine quando sono insieme?
6. Quali mezzi di trasporto possono usare i genitori di Christine per andare in giro per Roma?
7. Che cosa usa, invece, Christine?
8. Che lavoro desidera fare da grande Christine?

B. Attività
1. Descrivi la professione dei tuoi genitori. (Di' che lavoro fanno; dove lavorano; con chi lavorano; che cosa usano; quali studi hanno fatto; se guadagnano molto; se sono soddisfatti del loro lavoro...) Descrivi, poi, la professione che vorresti (*would like*) fare tu.
2. Scrivi un dialogo tra Christine ed Antonio durante una visita di Antonio a casa Smith.

⑤ Due appartamenti

La famiglia Smith e la famiglia Ciampi abitano nello stesso palazzo, situato in via Cavour, a due passi° dal Colosseo. L'appartamento della famiglia Smith è al quinto piano, quello della famiglia Ciampi al terzo.

L'appartamento della famiglia Smith è composto da cucina, due bagni°, tre camere da letto e un grande soggiorno-pranzo° arredato con due comode poltrone ed un divano in pelle, un tavolo di cristallo con sei sedie nere. La camera di Christine è molto personalizzata. Christine ama il colore rosa e così le tende, le pareti° e le porte della sua camera sono rosa. I mobili sono bianchi. Nella stanza ci sono due lampade, un armadio, un letto, una scrivania, una sedia, uno stereo, molti libri e quaderni.

L'appartamento della famiglia Ciampi è molto grande. È composto da cinque camere da letto, il soggiorno, la sala da pranzo, la cucina e tre bagni. La camera di Antonio non è molto grande. C'è un letto, un armadio, una libreria, una scrivania e una sedia. Sulla scrivania c'è un computer, una lampada ed un telefono. Alle pareti ci sono due poster del suo complesso preferito e una mensola° con i trofei da lui vinti a calcetto.

Il Colosseo   © M. K. Pelosi

a due passi *a short distance from*
due bagni *two bathrooms*
soggiorno-pranzo *living room with dining area*
pareti *walls*
mensola *shelf*

Dopo la lettura

A. Rispondi alle domande con frasi complete.
1. Dove abitano Antonio e Christine?
2. Quali sono i colori preferiti da Christine?
3. C'è una libreria nella camera di Christine?
4. Perchè l'appartamento di Antonio è più grande dell'appartamento di Christine?
5. Qual è il gioco preferito da Antonio?

B. Attività
1. Chiedi ad un tuo compagno/amico di descrivere la sua stanza. Mentre lui parla tu fai il disegno.
2. Progetta la tua casa ideale. Usa delle riviste di arredamento per scegliere i mobili che preferisci per ogni stanza e prepara un poster.

Ripasso I

Antonio Ciampi e Christine Smith sono amici. Entrambi vivono a Roma. Antonio è di Roma e Christine è di Lancaster, una piccola città della Pennsylvania, negli Stati Uniti. Antonio è all'ultimo anno del liceo classico. Christine frequenta la scuola americana a Roma. Antonio vuole studiare medicina per diventare pediatra; Christine vuole fare la giornalista come suo padre.

La famiglia di Antonio è composta da sette persone: padre, madre e cinque figli, tre ragazzi e due ragazze. I fratelli frequentano la scuola elementare, le sorelle la scuola media. Il padre di Antonio è ingegnere chimico. Parla molte lingue e viaggia molto per il suo lavoro. La madre è professoressa d'italiano e latino presso un liceo scientifico. Quando non ha impegni legge o va in piscina.

La famiglia di Christine è composta da tre persone: padre, madre e figlia. Christine non ha fratelli. Suo padre è giornalista; scrive articoli di politica estera. Sua madre è professoressa d'inglese. Spesso il sabato Antonio va a casa di Christine. I due ragazzi parlano dei loro interessi e dei loro amici.

La famiglia Ciampi e la famiglia Smith abitano nello stesso palazzo vicino al Colosseo.

Dopo la lettura

A. Completa ogni frase con le informazioni fornite dal testo.

1. Christine non è italiana, _____.

2. Antonio vuole studiare medicina perchè _____.

3. Nella famiglia di Antonio ci sono quattro maschi e tre _____.

4. Il padre di Antonio ha bisogno di conoscere _____ perchè va spesso all'estero.

5. La madre di Antonio ha una vita molto attiva. Infatti _____.

6. Christine è figlia unica. Infatti _____.

7. Gli avvenimenti mondiali interessano il padre di Christine perchè _____.

8. Antonio e Christine amano stare insieme per _____.

9. Antonio e Christine possono andare a piedi al Colosseo perchè

_____.

Cruciverba I

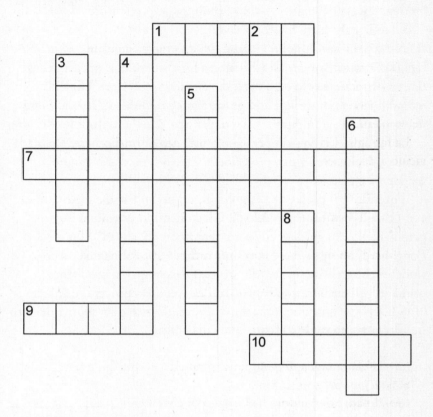

Orizzontali

1. Il contrario di nemico
7. La professione del padre di Christine
9. La città di Antonio
10. La scuola di Antonio

Verticali

2. Lo sport praticato dai fratelli di Antonio
3. La futura professione di Antonio
4. La nazionalità di Christine
5. La nazionalità di Antonio
6. La città di Christine
8. Così sono i voti di Bruno e Antonio

6 La scuola di Antonio

Il liceo di Antonio è molto grande. Ci sono moltissime aule, una biblioteca fornitissima°, un laboratorio linguistico, due aule di scienze, una palestra, un teatro e una grande sala per i professori. I bidelli° hanno l'obbligo di sorvegliare° gli studenti e di pulire la scuola. Ogni mattina, alle dieci in punto, si sente per i corridoi° un profumo di caffè: la bidella Rosa lo° prepara per i professori e lo porta in classe. Rosa è la bidella più amata da tutti, professori e studenti, perchè è sempre sorridente e gentile.

Il preside° è il professor Longobardi, un uomo basso e tarchiato°, con i capelli bianchi e gli occhiali. Gli studenti lo prendono in giro perchè ha il naso grosso e rosso e il mento un po' storto°. Il professor Longobardi non è severo°, ma esige° ordine e disciplina nella scuola. Gli studenti che arrivano in ritardo° devono passare per la presidenza° prima di entrare in classe. Il preside li riceve, li rimprovera° e chiede loro di scrivere una composizione di duecento parole sui motivi del loro ritardo; poi li manda in classe.

fornitissima *well equipped*
bidelli *janitors and custodians*
sorvegliare *to monitor*
corridoi *corridors*
lo *it*
preside *principal («dirigente scolastico» is a more appropriate name)*
tarchiato *stocky*
il mento storto *distorted chin*
severo *strict*
esige *demands*
in ritardo *late*
presidenza *principal's office*
rimprovera *reprimands*

Dopo la lettura

A. Indica se le seguenti espressioni sono vere o false. (Show whether the following sentences are true or false.)

1. La scuola di Antonio ha molte attrezzature.   V   F
2. I bidelli controllano gli studenti.   V   F
3. Rosa serve il caffè ai professori nella sala professori.   V   F
4. Il preside è alto e snello.   V   F
5. Il preside è molto esigente.   V   F
6. Gli alunni che arrivano in ritardo non possono entrare direttamente in classe.   V   F

B. Trova un sinonimo per ciascuna delle seguenti parole. (Find a synonym for each of the following words.)

1. aula
2. basso
3. obbligo
4. gentile
5. tarchiato
6. esigente

C. Attività

1. Descrivi la tua scuola.
2. Descrivi uno dei tuoi insegnanti.
3. È importante, secondo te, la presenza dei bidelli nella scuola?

7 Descriviamo

Oggi nell'ora d'italiano si parla di aggettivi. Ogni studente deve descrivere a sua scelta o una persona, o un animale, o un oggetto usando minimo cinque aggettivi.

Prof. Chi vuole cominciare?

Kristen Io. Il mio amico Marco è magro, alto, biondo, intelligente, simpatico, studioso, contento, socievole, cortese, divertente.

Prof. Bene, Kristen! John, tocca a te.

John La mia macchina è rossa, sportiva, grande, veloce, decappottabile°, nuova, metallizzata°.

Prof. Bravo, John! Elliot, chi vuoi descrivere?

Elliot Il mio cane. Il mio cane è piccolo, intelligente, veloce, furbo, fedele...

Elliot si ferma a pensare.

Prof. Hai finito?

Elliot No, il mio cane è... coccolone°!

Prof. Che carino! Come si chiama?

Elliot Si chiama Rusty, perchè ha il pelo color ruggine°.

Prof. E tu Christine, che cosa hai scelto?

Christine Ho scelto la mia casa. La mia casa è grande, elegante, bella, antica, confortevole, luminosa, ammobiliata, signorile°.

Prof. Bene, basta così. Ora fate il plurale degli aggettivi da voi usati. Ricordatevi che, come per i nomi, gli aggettivi possono essere maschili o femminili. Gli aggettivi maschili che finiscono in -o hanno il plurale in -i (alto—alti). Gli aggettivi femminili che finiscono in -a hanno il plurale in -e (lussuosa—lussuose). Per gli aggettivi in -e che possono essere sia maschili che femminili il plurale è sempre in -i (la macchina veloce—le macchine veloci; il ragazzo veloce—i ragazzi veloci).

decappottabile *convertible*
metallizzata *metallic finish*
è un coccolone *he likes to be cuddled*
ruggine *rust*
signorile *luxurious*

Dopo la lettura

A. Attività
1. Scegli cinque aggettivi tra quelli indicati dagli studenti e compони delle frasi. Poi volgile al plurale. *Esempio*: La mia amica è intelligente—Le mie amiche sono intelligenti.
2. Trova cinque aggettivi per le seguenti parole: padre, madre, città, esame, leone.

8 «Tu sei...»

Leggi il testo, poi ascolta la canzone cantata da Ambra.

Ora che ridi dai perchè non torni...
Tu sei amabile, scontroso°, scemotto, fantasioso
Intrigante°, passionale, paffutello° e un po' goloso
Sereno, riservato, trasparente, emozionato
Strepitoso°, spettinato°, quasi sempre malizioso
Allegro, naturale, osè°, intellettuale
Distratto, suscettibile°, viziato ma speciale
Frizzante, carino, sorridente, piccolino
Magico, sensuale... ma glaciale.
Ora che ridi dai perchè non torni
Ora che ridi dai
Quante emozioni da quel tuo sorriso
Che io a memoria dipingo° sulla pelle
Sei sempre qui da quando mi hai diviso
Anche se adesso il quadro è più preciso
Non volevi dare la tua vita
Perchè da giovane cammini anche da solo
Sei preoccupato adesso e stringi° le mie dita
Lo sai non sei cambiato infatti sei... sei... sei...
Tonno°, insuperabile, scocciato, incontentabile
Superbo, possessivo eppure così fragile
Diabolico, grandioso, selettivo, capriccioso
Insaziabile, impegnato ma rimani vulnerabile
Metodico, puntuale, pacato°, floreale
Precisino, sconvolgente°, tale e quale a un principino
Fatale, genuino, spendaccione, bugiardino
Sensibile, fedele e graffi come un bel gattino
Sicuro, maturo, deciso, grandioso
Pungente, scattante° e anche formoso
Diretto, corretto, morbido, giocoso
Angelico, poliedrico°, sempre curioso

Ribelle, sognatore, silenzioso, osservatore
Previdente°, riflessivo... farai l'attore?
Bizzarro, distaccato, furbo, rilassato
Pittore, casinaro° e il naso sporco di colore...
...ora che ridi dai perché non torni...
Ora che ridi dai
Quante emozioni da quel tuo sorriso
Che io a memoria dipingo sulla pelle
Sei sempre qui da quando mi hai diviso
Anche se adesso il quadro è più preciso
Non volevi dare la tua vita
Perchè da giovane cammini anche da solo
Sei preoccupato adesso e stringi le mie dita
Lo sai non sei cambiato infatti sei... sei... sei...
Tenero, indifeso, coccolone, luminoso
Stonato°, prezioso, incantato e generoso
Intelligente, fiero, chiaro, bello, bravo e giudizioso
... sexy, innamorato... comunque tu... che assomigli a me.

scontroso *surly, touchy*
intrigante *scheming*
paffutello *chubby*
strepitoso *extroverted*
spettinato *disheveled*
osè *daring*
suscettibile *touchy, sensitive*
dipingo *I paint*
stringi *you grasp*
tonno *tuna fish; fig. stupid person*
pacato *placid, quiet*
sconvolgente *upsetting*
scattante *agile, quick*
poliedrico *multifaceted*
previdente *farseeing*
casinaro *person that causes trouble*
stonato *off-key; fig. absent-minded, distracted*

Dopo la lettura

A. Rileggi il testo e scegli gli aggettivi che meglio descrivono il carattere tuo o di un tuo amico. (Reread the text and choose the adjectives that best describe your own character or that of a friend.)

B. Trova i sinonimi dei seguenti aggettivi.
  1. goloso
  2. riservato
  3. sorridente
  4. superbo
  5. capriccioso
  6. metodico
  7. sensibile
  8. sicuro
  9. maturo

9 In classe

È lunedì. Nella classe di Christine gli studenti, mentre aspettano la professoressa d'italiano, parlano tra di loro.

John	Cosa hai fatto ieri, Christine?
Christine	Sono andata *nel* cinema?
John	AL cinema, si dice.
Christine	Hai ragione. Io, con tutte queste preposizioni non ci capisco niente!
Elliot	Ma è facilissimo!
	Si dice: andare **al** cinema, **al** ristorante, **al** museo.
	Ma: andare **a** teatro, **a** Roma (per le città), **a** Capri (per le piccole isole).
Kristen	La professoressa ha detto anche che con i nomi di persona si usa **da**.
	Andare **da** Mario, **da** Antonio, **da** Maria, **da** Angela (con i nomi propri).
	Ma andare **dal** dottore, **dall**'avvocato, **dalla** professoressa, **dal** dentista (con i nomi comuni).
John	Bravi! Vedo che avete studiato il verbo andare! Però, non dimenticate: «Io vado **a** Roma, **in** Italia» (in per gli stati).
Paul	Sì, ma in si usa anche per dire «andare **in** biblioteca, **in** banca, **in** ufficio, **in** macchina, **in** treno». E per i nomi in -eria: «andare **in** pizzeria, **in** segreteria, **in** tabaccheria, **in** lavanderia°».
Christine	O.K. Ho capito. Insomma, ieri ho visto un film! E tu John cosa hai fatto?
John	La mattina ho scritto la tesina° di storia. Nel pomeriggio ho giocato a calcio con i miei amici. La sera sono andato in discoteca con la mia ragazza. E tu, Kristen, ti sei divertita?
Kristen	Non ho fatto niente di speciale. Sono rimasta a casa. Mia madre ha preparato un ottimo risotto con i funghi che mio padre ed io abbiamo divorato. Dopo pranzo ho letto un po' il giornale ed ho fatto alcune telefonate. La sera i miei

genitori sono andati a teatro ed io ho fatto i compiti e poi
sono andata a letto.

Elliot   Ssssssss! Ecco la prof!

lavanderia *laundromat*
tesina *term paper*

Dopo la lettura

A. Rispondi alle domande con frasi complete.
1. Perchè Christine non usa correttamente le preposizioni?
2. Dopo il verbo «andare» quale preposizione si usa davanti ai nomi di città?
3. E davanti ai nomi di persona?
4. John ha giocato a calcio con la sua ragazza?
5. Ha cenato a casa o al ristorante Kristen?
6. È andata a teatro con i suoi genitori Kristen?

B. Attività
1. Descrivi che cosa hai fatto di speciale domenica.
2. Trova altri nomi che finiscono in -eria.
3. Scrivi alcune frasi usando il verbo *andare* e le preposizioni appropriate.

⑩ Ricordi

Antonio e Christine parlano della loro infanzia°.

Antonio   Quando ero piccolo, vivevo qui, a Roma, in un grande appartamento in via Ippolito Nievo.

Christine   Quando ero piccola, vivevo in una bella casa a tre piani, a Lancaster.

Antonio   Ogni giorno andavo a scuola a piedi con il mio amico Bruno. Noi ci fermavamo al bar Capozzi e compravamo due belle bombe° e due pacchetti di Golia alla frutta°.

Christine   Mia madre, invece, mi accompagnava in automobile perchè la scuola era a cinque miglia da casa.

Antonio   Io mi divertivo molto a scuola. Facevamo varie attività. Spesso andavamo a visitare musei, fabbriche, mostre e anche redazioni di giornali.

Christine   Anche noi andavamo spesso in gita° scolastica. Un giorno siamo andati a New York e per la prima volta abbiamo visto le Torri Gemelle, l'Empire State Building e tutti gli altri altissimi grattacieli. È stata una bellissima esperienza per tutti noi che venivamo dall'entroterra° della Pennsylvania. Le luci di New York ci hanno affascinato°!

Antonio   Cosa facevi nel pomeriggio?

Christine   La mia amica Alexa ed io giocavamo con gli animali di peluche° e con le bambole. Quando il tempo era bello facevamo una partita di pallacanestro con le altre bambine o nuotavamo nella piscina del parco. E tu, come passavi i tuoi pomeriggi?

Antonio   Dopo pranzo, di solito facevo i compiti. Poi, andavo in cortile a giocare con i miei amici Paolo, Simone, Andrea, Marco, Giovanni ed Enzo. Nel mio palazzo eravamo tutti maschi ed avevamo quasi tutti la stessa età. Ci divertivamo molto insieme: andavamo in bicicletta, giocavamo a calcio o facevamo costruzioni con il Lego. A che ora andavi a letto?

Christine   In inverno verso le nove, in estate verso le undici.

Antonio   Era così anche per me. L'estate era, ed è ancora, la mia stagione preferita. Andavamo tutti a Sorrento, a far visita ai nonni che erano sempre contenti di vederci.

infanzia *childhood*
bombe *brioches with chocolate*
Golia alla frutta *brand of fruit candies*
in gita *on a trip*
entroterra *inland*
affascinato *enchanted*
peluche *stuffed (animals, toys)*

Dopo la lettura

A. Completa le seguenti frasi con parole ed espressioni appropriate. (Complete the following sentences with the appropriate words or phrases.)

1. Abitava in una grande città Antonio? Sì, infatti _____.

2. Prendeva lo scuolabus Antonio? No, perchè _____.

3. La scuola di Christine era lontana dalla sua casa? Sì, infatti

   _____.

4. Quando era piccola, Christine è andata a visitare una grande città degli Stati Uniti? Sì, infatti _____.

5. Passava il pomeriggio con le amiche Christine? Sì, infatti

   _____.

6. Facevano molti giochi all'aria aperta Antonio e gli amici? Sì, infatti _____.

7. Andavano a letto alla stessa ora Antonio e Christine? Sì, infatti

   _____.

Ripasso 2

La scuola di Antonio è molto ben attrezzata ed organizzata. Il preside vuole che gli studenti siano disciplinati e rispettino le regole della scuola.

Nelle ore d'italiano gli alunni della classe di Christine si esercitano a descrivere persone, animali e cose. Poi ascoltano la canzone «Tu sei...» cantata da Ambra e imparano molti aggettivi. Alla fine, ognuno sceglie quelli che meglio lo° descrivono.

Christine ha ancora problemi nell'uso delle preposizioni. I suoi compagni le° danno delle chiare spiegazioni°.

Un giorno Antonio e Christine ricordano la loro infanzia trascorsa° in due paesi diversi, l'uno in Italia, l'altra negli Stati Uniti.

lo *him/her*
le *to her*
spiegazioni *explanations*
trascorsa *spent*

Dopo la lettura

A. Indica se le seguenti affermazioni sono vere o false.
1. La scuola di Antonio è una scuola all'avanguardia.   V   F
2. Gli alunni non devono osservare le regole della scuola.   V   F
3. Ambra è l'autrice della canzone «Tu sei...».   V   F
4. Christine non sa usare bene le preposizioni.   V   F
5. Quando erano piccoli, Antonio e Christine giocavano insieme.   V   F

Cruciverba 2

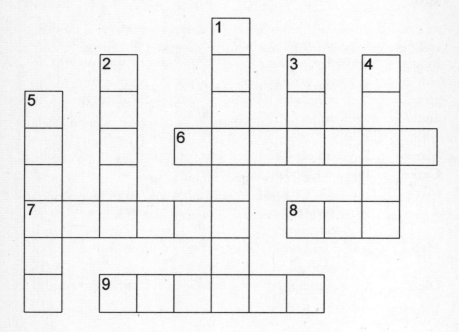

Orizzontali

6. Puliscono la scuola
7. Il mento del preside della scuola di Antonio
8. Seconda persona singolare del verbo essere
9. Il verbo «to go» in italiano

Verticali

1. Una casa piena di luce
2. Il pesce della canzone «Tu sei...»
3. Le vocali in scienze
4. Il plurale di bello
5. Il contrario di magro

II Il Circolo Italiano

Oggi c'è grande movimento a scuola di Antonio. Alle quindici nell'Aula
Magna si riunisce il «Circolo Italiano», l'associazione studentesca che
programma le attività extrascolastiche. Bisogna eleggere il nuovo
presidente, il segretario ed il tesoriere°. Nel corridoio alcuni ragazzi
discutono tra di loro.

Marco	Io voterò per Giuseppe come presidente.
Carlo	Io, invece, voterò per Sergio.
Mara	Eh, no! Un momento! Basta con i ragazzi! Io voglio che sia° eletta Barbara perchè è brava, intelligente, studiosa, divertente, simpatica e...
Marco	Ah, sì? Giuseppe è superintelligente, divertentissimo, studiosissimo, ha idee innovative e...
Diego	Basta, basta! Perchè litigate? Vincerà chi avrà più voti. Andiamo, è ora!

Giuseppe e Barbara ricevono lo stesso numero di voti. Decidono allora
di «governare» insieme. Entrambi ringraziano gli elettori e poi parlano
del loro programma. Dicono che tutti i venerdì ci sarà il Cineforum°; il
primo lunedì del mese sarà dedicato alla discussione di un libro di
letteratura contemporanea; saranno organizzate feste in occasione del
Natale e del Carnevale; nel mese di marzo ci sarà il M Π 100°, la
famosa festa degli studenti dell'ultimo anno che danno così l'addio° alla
scuola. Infine, Giuseppe e Barbara invitano gli studenti a mandare
articoli alla redazione del giornalino° della scuola *Papè Satan°*.

tesoriere *treasurer*

sia *is*

Cineforum *movie followed by discussion*

M Π 100 *(how to write it)*/**leggi Mac Pi 100** *(how to read it) This
expression means that there are one hundred days until the end of
school.*

addio *final good-bye*
redazione del giornalino *editorial office*
Papè Satan *first verse of canto VII of Dante's* Inferno

Dopo la lettura

A. Indica se le seguenti affermazioni sono vere o false.
1. Il Circolo italiano organizza attività extracurricolari per gli studenti.   V   F
2. Carlo preferisce Giuseppe come presidente.   V   F
3. Mara propone Barbara perchè è bella e gentile.   V   F
4. Diego invita tutti ad entrare nell'Aula Magna.   V   F
5. Giuseppe e Sergio sono i nuovi presidenti del Circolo italiano.   V   F
6. Tra le varie attività del Circolo ci sarà anche la presentazione di un'opera teatrale.   V   F

B. Trova i contrari delle seguenti parole.
1. intelligente
2. divertente
3. studioso
4. parlare
5. vincere
6. ricevere

C. Attività
1. Fai parte o hai fatto parte di un'associazione studentesca?
2. Quali sono le attività extracurricolari che si fanno o si facevano nella tua scuola/università?
3. Sei il direttore del giornalino della tua scuola; illustra ai tuoi collaboratori quali argomenti vuoi che vengano trattati dal tuo giornale.

12 L'esame di maturità

Ogni giorno nell'ora d'italiano Christine e gli altri studenti discutono di argomenti diversi ed interessanti. Oggi parlano dell'esame di stato, detto° anche esame di maturità.

Prof.	Per ottenere il diploma di scuola media superiore tutti gli studenti dell'ultimo anno devono sostenere l'esame di maturità.
John	È difficilissimo! Il mio amico Carlo ha già molta paura°.
Prof.	Non è molto difficile. Gli studenti devono solo studiare molto e tutto l'anno. I professori della classe ed un professore esterno° formano la commissione.
Paul	Perchè c'è un professore esterno?
Prof.	Il professore esterno rappresenta lo Stato italiano. È nominato dal Ministero della Pubblica Istruzione° per garantire la legittimità degli esami.
Christine	Quante prove° scritte ci sono?
Prof.	Ci sono tre prove scritte: una d'italiano, uguale per tutte le scuole, una specifica del corso di studi ed una di cultura generale.
Christine	Allora, la seconda prova per il mio amico Antonio, che frequenta il liceo classico, è la traduzione di latino o di greco, vero°? Poverino!
Kristen	E la mia amica Antonella, che frequenta il liceo scientifico, deve sostenere la prova di matematica.
Prof.	Sì, è così. Dopo le prove scritte c'è la prova orale che consiste in un colloquio su tutte le materie.
Christine	Chi prepara le prove scritte?
Prof.	Il Ministro della Pubblica Istruzione prepara le prime due prove. I professori della commissione preparano i quesiti per la terza prova.
Elliot	Qual è il voto più alto che gli studenti possono ottenere?
Prof.	Il massimo voto è cento. Il minimo è sessanta.

detto *called*

ha già molta paura *he is already very scared*

esterno *from another school*

Ministero della Pubblica Istruzione *Department of Education*

prove *exams*

vero *right*

Dopo la lettura

A. Rispondi alle domande con frasi complete.

1. Di che cosa parlano gli studenti nell'ora d'italiano?
2. Chi deve sostenere l'esame di maturità?
3. Qual è la prova comune a tutti gli studenti?
4. In che consiste la seconda prova per Antonio? E per Antonella?
5. Su che cosa è basata la prova orale?
6. Qual è il compito del Ministro della Pubblica Istruzione?

13 L'università

Christine e i suoi compagni, insieme con la professoressa, parlano del sistema universitario italiano.

Mark   Che cosa possono fare gli studenti italiani dopo la maturità?

Prof.   Dopo la maturità, gli studenti possono iscriversi all'università scegliendo il corso di studi che preferiscono. Per conseguire la laurea° sono sufficienti tre anni, ad eccezione di alcune lauree a normativa europea. Per esempio, per Farmacia e Architettura il corso di laurea° è di cinque anni.

Christine   Dopo la laurea gli studenti vanno a lavorare?

Prof.   Conseguita la laurea di primo livello, gli studenti possono decidere se andare a lavorare o continuare gli studi per ancora due anni. In questo caso prendono la laurea specialistica.

Elliot   C'è il Ph.D.?

Prof.   C'è il dottorato di ricerca, che corrisponde al Ph.D. Ci sono anche scuole di specializzazione e master a più livelli.

Kristen   Anche gli studenti italiani hanno la report card?

Prof.   Sì, si chiama libretto universitario. Vi° sono scritti tutti gli esami sostenuti dagli studenti con i rispettivi voti.

Julie   I voti sono in centesimi?

Prof.   No, sono in trentesimi. Il voto minimo per superare l'esame è diciotto. Il massimo è trenta e lode°.

Paul   Finiti gli esami, gli studenti conseguono il diploma di laurea?

Prof.   No, prima devono scrivere la tesi°, una dissertazione scritta su un argomento° a scelta che il laureando presenta e discute con il professore relatore° davanti ad una commissione formata da professori universitari.

conseguire la laurea *to graduate*
laurea *degree*
vi *in it*
lode *distinction*
tesi *thesis*
argomento *subject*
relatore *advisor*

Dopo la lettura

A. Indica se le seguenti affermazioni sono vere o false.
1. Dopo la maturità, sono sufficienti tre anni di studio
   per conseguire la laurea.   V   F
2. Il corso di laurea in Architettura dura cinque anni.   V   F
3. Per conseguire la laurea specialistica lo studente
   deve studiare per altri tre anni.   V   F
4. Sul libretto universitario sono scritti esami e voti
   dello studente.   V   F
5. Per superare un esame basta prendere diciotto.   V   F
6. Per laurearsi non è necessario scrivere la tesi.   V   F
7. Lo studente sceglie l'argomento della tesi.   V   F

14 Gli Azzurri

Ecco l'articolo che Giuseppe ha scelto di pubblicare su «Papè Satan» nella sezione sportiva.

Il calcio è lo sport più amato dagli italiani. Ogni settimana molte persone vanno allo stadio o guardano in televisione la partita della squadra del cuore. Quando, poi, gioca la Nazionale, l'Italia si ferma°. Tutti mettono da parte le singole preferenze; Totti, Del Piero, Buffon e gli altri giocatori della squadra diventano «Gli Azzurri» e tutti tifano° per loro.

La prima apparizione° della squadra Nazionale di calcio è del 15 maggio 1910 nella sfida° alla Francia, battuta per 6 a 2. Allora i nostri atleti indossavano la maglia bianca perchè costava meno delle altre. Dopo alcune partite si decise di adottare una divisa colorata. Fu scelto il colore azzurro perchè rappresentava il colore dello stendardo° dei Savoia, la dinastia che governò l'Italia dal 1861 al 1945. Da allora° la maglia azzurra rappresentò l'Italia in tutti gli sport. Solo durante l'ultimo periodo fascista (dal 1937 in poi) la maglia ufficiale divenne° nera per poi tornare azzurra dopo la seconda guerra mondiale.

si ferma *stops*
tifano *are fans of*
apparizione *appearance*
sfida *match*
stendardo *flag*
da allora *since then*
divenne *became*

Tutti tifano per gli Azzurri   © *Reuters/CORBIS*

Dopo la lettura

A. Indica se le seguenti affermazioni sono vere o false.

1. La squadra nazionale italiana si chiama «Gli Azzurri».   V   F
2. La prima partita della Nazionale di calcio fu contro la Francia.   V   F
3. Il bianco fu il primo colore indossato dalla Nazionale.   V   F
4. L'azzurro era il colore dei Savoia.   V   F
5. Nel 1937 fu scelto di nuovo il colore bianco.   V   F
6. Oggi le squadre nazionali di tutti gli sport indossano la maglia azzurra.   V   F

⒂ All'ufficio postale

È sabato. Sono le undici e trenta. Christine vuole spedire negli Stati Uniti alcune cartoline° e lettere ai suoi amici e un pacco a sua cugina Lisa. Va all'ufficio postale vicino a casa sua che è aperto fino alle tredici. L'ufficio è grande. Ci sono molti sportelli°. Christine legge: n. 1 corrispondenza, n. 2 telegrammi, n. 3 conti correnti°, n. 4 pacchi, n. 5 pensioni. Va allo sportello n. 4.

Christine	Buongiorno, vorrei spedire questo pacco negli Stati Uniti.
Impiegato	Ha scritto l'indirizzo° del destinatario°? Nome, cognome, via, città, stato, codice postale°?
Christine	Sì, qui, a destra.
Impiegato	E l'indirizzo del mittente°?
Christine	Oh, me ne sono dimenticata! Lo scrivo subito. Devo scrivere anche il numero di telefono?
Impiegato	Non è necessario. Che cosa contiene il pacco? Oggetti fragili? Di valore?
Christine	Niente di tutto questo. Contiene dei libri e due CD.
Impiegato	Lo manda per posta prioritaria?
Christine	Sì, per posta prioritaria. Quanto costa?
Impiegato	Dipende dal peso°. Fino a 2000 grammi costa 16,50 euro. Adesso lo peso. Viene circa 15 euro.
Christine	Bene. Tra quanti giorni arriverà?
Impiegato	Arriverà tra cinque/sei giorni.
Christine	Va bene.
Impiegato	Ha bisogno d'altro?
Christine	Vorrei sette francobolli°.
Impiegato	Per i francobolli allo sportello n.1. Allora, per il pacco sono 15 euro.
Christine	Posso pagare con la carta di credito?
Impiegato	Sì, certo.

Christine paga, saluta e poi va allo sportello n. 1.

Christine Buongiorno. Vorrei cinque francobolli per queste cinque cartoline e due francobolli per queste lettere da spedire negli Stati Uniti.

Impiegato Sono settantasette centesimi per ogni lettera o cartolina che sia.

Christine Bene. Ecco 10 euro.

Impiegato Ecco il resto°. Buongiorno.

Christine Grazie e buongiorno a Lei.

cartoline *postcards*
sportelli *windows*
conti correnti *checking accounts*
indirizzo *address*
destinatario *addressee*
codice postale *zip code*
mittente *sender*
peso *weight*
francobolli *stamps*
resto *change*

Dopo la lettura

A. Rispondi alle domande con frasi complete.

1. Perchè Christine va all'ufficio postale?
2. A che ora chiude l'ufficio?
3. Quali operazioni è possibile effettuare nell'ufficio postale?
4. Che cosa ha scritto sul pacco Christine?
5. Che cosa non ha scritto?
6. Che cosa contiene il pacco?
7. Quanto paga?
8. Tra quanti giorni arriverà negli Stati Uniti?
9. A quale sportello compra i francobolli Christine?
10. Quanto costa un francobollo per gli Stati Uniti?

Ripasso 3

Giuseppe e Barbara, neopresidenti del Circolo Italiano, programmano le attività extrascolastiche, tra cui il Cineforum e la discussione di un libro di narrativa contemporanea.

In classe di Christine si parla dell'esame di maturità, l'esame con cui si conclude il corso di studi della scuola media superiore. Le prove da sostenere sono diverse da una scuola all'altra e dipendono dall'indirizzo° scelto dagli studenti. L'unica prova comune a tutte le scuole è quella d'italiano.

Dopo la maturità gli studenti possono frequentare l'università e conseguire in tre o cinque anni la laurea di primo livello. Chi vuole, può continuare gli studi per ancora due anni, ottenere la laurea specialistica e proseguire ulteriormente conseguendo il master e poi il dottorato di ricerca.

Come articolo sportivo per il giornalino della scuola, Giuseppe ha scelto *gli Azzurri*. Nel 1910, quando la squadra di calcio giocò per la prima volta, gli atleti indossavano la maglia bianca perchè costava poco. In seguito si scelse il colore azzurro che era quello dello stendardo dei Savoia, la dinastia allora regnante in Italia. Da allora il colore azzurro divenne il colore che rappresentò l'Italia in tutti gli sport. Dal 1937 (periodo fascista) fino alla fine della seconda guerra mondiale, a rappresentare l'Italia fu il colore nero.

Per spedire un pacco negli Stati Uniti, Christine si reca allo sportello n. 4 dell'ufficio postale. L'impiegato pesa il pacco che contiene libri e CD e le dice di pagare circa quindici euro. Per acquistare dei francobolli va, poi, allo sportello n. 1. Ogni francobollo costa settantasette centesimi.

indirizzo *course of sudies*

Dopo la lettura

A. Indica se le seguenti affermazioni sono vere o false.

1. Giuseppe ed Antonio organizzano le attività
   extrascolastiche.   V   F
2. L'esame di maturità consiste di tre prove diverse a
   seconda del tipo di scuola.   V   F
3. La laurea specialistica si ottiene dopo altri cinque
   anni di studio.   V   F
4. Nel 1937 la maglia della Nazionale era nera.   V   F
5. Christine spedisce lettere e cartoline negli Stati Uniti. V   F

Cruciverba 3

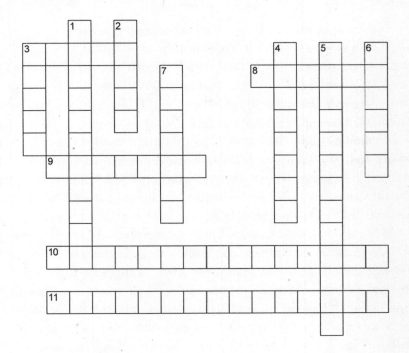

Orizzontali

3. Sono divise in scritte ed orali
8. Lo era la prima maglia degli Azzurri
9. Il contrario di tacere
10. L'associazione studentesca della scuola di Antonio
11. Lo devono sostenere tutti gli studenti dell'ultimo anno della scuola

Verticali

1. Con 7-Verticali, corrisponde al Ph.D.
2. Il voto massimo dell'esame di maturità
3. Lo spedisce Christine
4. Con 5-Verticali, è la «report card» degli studenti universitari
5. Vedete 4-Verticali
6. Si consegue dopo tre anni di università
7. Vedete 1-Verticali

16 Le vacanze di Natale

Dagli inizi di dicembre per le strade si respira aria natalizia°. I negozianti addobbano° le vetrine° dei loro negozi con luci, palline colorate e stelle filanti°. Nei grandi magazzini l'altoparlante° trasmette famose melodie. La gente affolla strade e negozi alla ricerca di regali per parenti ed amici.

Le vacanze scolastiche cominciano il ventitré dicembre e si concludono° il sei gennaio. Mancano° ormai due settimane e la professoressa di italiano di Christine ha dato come compito: «Come gli Italiani festeggiano il Natale». Christine chiede aiuto alla madre di Antonio che° le racconta tante belle cose intorno a questa festa.

«Il Natale è una festa magica. Tutti gli Italiani vivono intensamente il periodo natalizio. Nelle chiese e in molte case c'è il presepio°, che è la rappresentazione della nascita di Gesù. Molte famiglie costruiscono il presepio in sughero° e legno mentre i pastori°, gli animali e i re magi sono in creta°. In una capanna° di legno e paglia mettono la Madonna, San Giuseppe, il bue° e l'asinello°. Sul tetto della capanna brilla una stella cometa. La notte del ventiquattro dicembre il bambino più piccolo della famiglia porta il Bambino Gesù al presepio, mentre gli altri cantano *Tu scendi dalle stelle*.

«Verso mezzanotte, mentre i piccoli dormono, i genitori impacchettano i doni° e li mettono sotto l'albero di Natale, addobbato di luci e palline multicolori. Il giorno dopo, quando i bambini si svegliano, aprono i doni e fanno festa insieme al papà e alla mamma. Poi tutta la famiglia si veste elegantemente e va in chiesa. Verso le tre arrivano parenti ed amici che portano regali, dolci e spumante. Alle quattro comincia il pranzo. Ci sono molte portate°, che variano a seconda delle tradizioni regionali, ma non c'è famiglia che non mangi il panettone o il pandoro, che sono ormai diventati i dolci natalizi di tutti gli italiani. La sera si gioca a tombola, un gioco di numeri in cui si possono vincere vari premi a seconda delle° combinazioni dei numeri estratti°. Verso mezzanotte parenti ed amici salutano i padroni di casa e vanno via».

Christine ringrazia la signora Ciampi per tutte le informazioni e le promette di tornare per aiutarla ad addobbare l'albero in cambio di notizie sul Capodanno e sulla Befana°.

si respira aria natalizia *everybody feels the Christmas spirit*
addobbano *decorate*
vetrine *windows*
stelle filanti *streamers*
altoparlante *loudspeaker*
si concludono *end*
mancano *remain*
che *who*
presepio *nativity scene*
sughero *cork*
pastori *shepherds*
creta *clay*
capanna *hut*
bue *ox*
asinello *donkey*
impacchettano i doni *wrap presents*
portate *courses*
a seconda delle *according to*
estratti *drawn*
la Befana *Epiphany*

Dopo la lettura

A. Indica se le seguenti affermazioni sono vere o false.

1. Dal quindici dicembre al dieci gennaio le scuole sono chiuse.   V   F
2. Durante il periodo natalizio la gente cerca di risparmiare.   V   F
3. La notte di Natale nasce Gesù.   V   F
4. Legno e sughero servono a costruire il presepio.   V   F

5. I bambini sono contenti perchè l'albero di Natale è illuminato.   V   F

6. A tavola ci sono molte varietà di cibo.   V   F

7. La tombola è il dolce natalizio tradizionale.   V   F

B. Completa il brano con le informazioni fornite dal testo.

Il Natale è una festa _____ . Le famiglie costruiscono il _____ e mettono le _____ e le _____ sull'albero. I genitori comprano i _____ per i figli. Il panettone ed il pandoro sono _____ natalizi tradizionali. La _____ è un gioco di numeri.

C. Attività

1. Qual è la festa più importante dell'anno per la tua famiglia? Parlane.

2. Cerca su Internet notizie sulla storia del panettone.

(17) Filastrocca° di Capodanno

Antonio è in una cartoleria per comprare dei bigliettini di auguri per Natale e Capodanno. Ce ne sono di bellissimi e lui ha solo «l'imbarazzo della scelta°». Ad un certo punto ne apre uno e legge questa bellissima filastrocca di Gianni Rodari.

> Filastrocca di Capodanno:
> fammi gli auguri per tutto l'anno:
> voglio un gennaio col sole d'aprile,
> un luglio fresco, un marzo gentile;
> voglio un giorno senza sera,
> voglio un mare senza bufera°;
> voglio un pane sempre fresco,
> sul cipresso un fiore del pesco°;
> che siano° amici il gatto e il cane,
> che diano° latte le fontane.
> Se voglio troppo non darmi niente,
> dammi una faccia allegra solamente.

È bellissima! La manderà a Christine.

filastrocca *nursery rhyme*
l'imbarazzo della scelta *too much to choose from*
bufera *storm*
pesco *peach tree*
siano *are*
diano *give*

Dopo la lettura

A. Rispondi alle domande con frasi complete.
1. Quali mesi non sono menzionati nella poesia?
2. Perchè l'autore chiede un luglio fresco e un marzo gentile?
3. Che cosa rappresenta il cipresso?
4. È possibile che il gatto e il cane diventino amici?
5. Qual è il significato di questa filastrocca?

B. Attività
1. Cerca un'altra filastrocca sui mesi e paragonala con questa di Rodari.
2. Prova tu a scrivere una filastrocca sui mesi.
3. Cerca notizie su Gianni Rodari.

18 Un film

Christine racconta ad Antonio un film che ha visto in classe.

Christine Oggi in classe abbiamo visto un bel film.

Antonio Era un film giallo°? Era interessante? Quale era il titolo? Chi era il regista?

Christine Il titolo del film era *Pane e tulipani*. Era una commedia. Il regista era Silvio Soldini.

Antonio Non l'ho visto. Me lo racconti?

Christine Rosalba, la protagonista, è una casalinga di Pescara°, in gita a Paestum° con la sua famiglia e con una comitiva di compaesani.

Antonio È giovane? Bella?

Christine È sui quarant'anni°. È bruna, cicciottella°, un tipo di donna molto comune.

Antonio Che cosa succede poi?

Christine Durante una sosta ad un autogrill, Rosalba si attarda° nella toilette e l'autobus parte senza di lei.

Antonio Allora fa l'autostop e ritorna a casa.

Christine Sì, è vero, fa l'autostop, ma non ritorna a casa, va a Venezia.

Antonio A Venezia? E perchè?

Christine Perchè improvvisamente decide di prendersi una vacanza° e di allontanarsi dalla famiglia e dalla routine quotidiana.

Antonio Cosa fa a Venezia? Chi incontra?

Christine Incontra un cameriere islandese, Fernando, un tipo un po' filosofo, un po' letterato, che la ospita a casa sua. Conosce, poi, una massaggiatrice, vicina di Fernando, con cui fa amicizia, e un vecchio fioraio anarchico e bisbetico° presso cui trova lavoro.

Antonio E la sua famiglia la cerca?

Christine Sì, il marito, un uomo antipatico che urla° sempre, assume° un idraulico come investigatore privato per trovare la moglie.

Antonio E l'idraulico la trova?

Christine	Sì, la trova, ma non informa il marito perchè decide di rimanere a Venezia, vicino alla massaggiatrice di cui si è innamorato.
Antonio	Come finisce il film?
Christine	Rosalba ritorna a casa richiamata° dal suo dovere di moglie e di madre.
Antonio	Ah! Non mi piace il finale.
Christine	Il film non finisce qui. Fernando, ormai innamorato di Rosalba, va a Pescara e la invita a ritornare con lui a Venezia.
Antonio	Ma, secondo te, perchè Rosalba va via di casa?
Christine	Perchè vuole provare a vivere una vita diversa, pensare un po' a sè stessa, sentirsi arbitra° delle sue scelte.
Antonio	Tu ti comporteresti° come Rosalba?
Christine	No, penso proprio di no. Secondo me, i problemi bisogna affrontarli, non evitarli.

il film giallo *thriller*

Pescara *a city in the Abbruzzi (region in the center of Italy)*

Paestum *an ancient city in Campania (region in the south of Italy)*

quarant'anni *forty years old*

cicciottella *chubby*

si attarda *stays behind*

prendersi una vacanza *to go on vacation*

bisbetico *bad-tempered*

urla *screams*

assume *hires*

richiamata *brought back*

arbitra *judge, arbiter*

comporteresti *would you behave*

Dopo la lettura

A. Rispondi alle domande con frasi complete.
1. Che film ha visto Christine? Era un film giallo?
2. Quale città ha visitato Rosalba con la sua famiglia?
3. Perchè Rosalba ha deciso di andare a Venezia?
4. Che lavoro ha trovato lì?
5. Perchè il marito di Rosalba ha mandato l'idraulico a Venezia?
6. Perchè l'idraulico ha preferito rimanere a Venezia?
7. Come è finito il film?
8. Qual è il tema del film?

19 Una giornata a Napoli

Ore 7,30. Christine con i suoi compagni di classe, la professoressa d'italiano ed il professore di matematica sono sull'autobus che li porterà a Napoli. I ragazzi sono allegri e chiacchierano tra loro ad alta voce.

Prof.   Silenzio, per favore. Buongiorno a tutti. Tra poco partiremo per Napoli, dove arriveremo verso le dieci. Speriamo che non ci sia troppo traffico! Il pullman si fermerà a piazza Municipio, dove ci aspetta la guida. Buon viaggio a tutti.

Alle dieci in punto l'autobus è in piazza Municipio. La guida, Silvana, indica il Maschio Angioino.

Silvana   Il castello, costruito dagli Angioini nel 1279, fu ristrutturato nel 1442 da Alfonso d'Aragona che fece erigere° il magnifico Arco di Trionfo per celebrare il suo ingresso in Napoli, dopo aver sconfitto gli Angioini.

Il Maschio Angioino   © *Riccarda Saggese*

Il gruppo s'incammina per via Medina, passa per l'ufficio postale e la Facoltà di Architettura in via Monteoliveto e raggiunge piazza del Gesù Nuovo.

Silvana Ecco due magnifiche chiese: Gesù Nuovo e Santa Chiara. La chiesa del Gesù Nuovo, in stile barocco, contiene le reliquie° di molti santi, tra cui quelle di S. Ciro, santo molto amato dai napoletani. Nella Cappella della Visitazione sono custodite le spoglie° di San Giuseppe Moscati, medico dell'ospedale Incurabili e docente universitario, che dedicò la sua vita agli ammalati ed ai poveri. Come vedete, ci sono molti ex voto° che testimoniano la fede della popolazione in questo santo. Di fronte al Gesù Nuovo c'è la chiesa di Santa Chiara. Molte opere che erano nella chiesa sono state distrutte durante il bombardamento del 1943. Oggi possiamo ancora ammirare il bellissimo monumento funebre° dedicato a Roberto d'Angiò, un sarcofago rinascimentale ed alcuni bassorilievi trecenteschi. Il grandioso chiostro maiolicato conta° settantadue pilastri ottagonali. Di origine gotica, come del resto tutta la chiesa, è rivestito con stupende mattonelle° policrome.

Il gruppo prosegue, quindi, per Spaccanapoli, la strada che divideva l'antica città in due parti. La strada è stretta ed affollatissima. Ci sono tanti negozi a destra e a sinistra, tanti venditori ambulanti e tante bancarelle°. È un'impresa camminare per questa strada, ma i ragazzi si divertono molto ad osservare la vita quotidiana della città. Un profumo di dolci proveniente dalla pasticceria Scaturchio invita i ragazzi a fermarsi per mangiare una calda sfogliatella° e bere un buon caffè. La meta successiva è la Napoli Sotterranea.

Silvana Ora bisogna scendere centocinquanta gradini sottoterra per arrivare nell'antica città di Napoli, che ha una superficie di circa seicentomila metri quadri. Le cavità sono state realizzate° dall'uomo estraendo il tufo giallo napoletano, un'eccellente pietra da costruzione. In seguito queste cavità diventarono catacombe, antri pagani, acquedotti, cisterne e granai. Durante la seconda guerra mondiale furono trasformate in rifugi antiaerei.

Dopo la visita alla Napoli Sotterranea i ragazzi sono lasciati liberi per qualche ora. Molti ne approfittano per assaggiare specialità locali: pizze di tutti i tipi, calzoni, crocchette, spaghetti alle vongole, melanzane alla parmigiana, mozzarella in carrozza, caprese.... Poi mangiano un gelato e bevono un buon caffè.

Nel pomeriggio il gruppo si riunisce di nuovo in piazza Municipio. Passa per la Biblioteca Nazionale, il teatro San Carlo e arriva in piazza del Plebiscito. Qui ammirano le magnifiche costruzioni del Palazzo Reale e della Basilica di San Francesco di Paola.

Silvana   Il palazzo Reale, costruito nel 1600, e abitato dai viceré spagnoli, dagli austriaci, dai Borboni ed infine dai Savoia, è stato il centro del potere, spettatore° delle vicende storiche di Napoli per quasi quattro secoli.

Christine   Ecco il mare! Il mare!

Silvana   Siamo a Santa Lucia. Possiamo passeggiare sul lungomare e ammirare il bellissimo golfo di Napoli. Di fronte a noi c'è il Vesuvio, il vulcano che distrusse Pompei ed Ercolano nel 79 d.C. Ecco il Castel dell'Ovo in tufo giallo. Possiamo fermarci un po' alla Villa Comunale e gustare una bella spremuta°. Siete d'accordo?

erigere *to erect*
reliquie *relics*
spoglie *remains*
ex voto *(Lat.) votive offering*
funebre *sepulchral*
conta *has*
mattonelle *tiles*
bancarelle *booths*

sfogliatella *typical Neapolitan pastry*
realizzate *dug*
spettatore *witness*
spremuta *fresh juice*

Dopo la lettura

A. Scegli la risposta giusta. (Choose the appropriate answer.)

1. Accompagna gli studenti a visitare la città di Napoli
   a. una donna di nome Guida
   b. una guida turistica
   c. una macchina
2. A piazza del Gesù
   a. c'è la Facoltà di Architettura
   b. l'ufficio postale
   c. ci sono due chiese importanti
3. Nella chiesa del Gesù
   a. c'è un arco di trionfo
   b. ci sono i resti di molti santi
   c. ci sono molte colonne
4. La chiesa di Santa Chiara è
   a. dedicata a Roberto d'Angiò
   b. in stile gotico
   c. rivestita di maioliche
5. Spaccanapoli è
   a. una strada di Napoli
   b. una bancarella
   c. un negozio del centro
6. I ragazzi visitano la città antica che è
   a. a cento metri sottoterra
   b. centocinquanta gradini sottoterra
   c. a 600 km sottoterra

7. Il Palazzo Reale fu costruito
   a. nel XV secolo
   b. nel XVI secolo
   c. nel XVII secolo
8. Per costruire le case gli antichi usavano
   a. il cemento
   b. il tufo
   c. il gesso
9. Napoli è una città
   a. marina
   b. sotterranea
   c. montuosa

20 In giro per Roma

Oggi Antonio vuole mostrare a Christine parte della sua città. I due ragazzi si incontrano al Campidoglio, il più piccolo dei colli e centro morale e religioso della Roma antica.

Antonio	Nei tempi antichi il Campidoglio era la fortezza della città, ospitava il tempio di Giove Capitolino, il re degli dei°. In seguito divenne la sede° del governo. Ancora oggi ospita gli uffici del sindaco nel Palazzo Senatorio.
Christine	Chi è questo cavaliere?
Antonio	È l'imperatore Marco Aurelio. Vieni, scendiamo la scalinata° di Michelangelo. Eccoci a piazza Venezia.
Christine	Oh! Il monumento a Vittorio Emanuele II, re d'Italia.
Antonio	È conosciuto anche come la tomba del Milite Ignoto°, in onore di tutti i soldati morti in guerra. Fu costruito dall'architetto Sacconi per celebrare il cinquantesimo anniversario dell'unità d'Italia. Ora percorriamo° via del Corso, giriamo° in via delle Muratte ed arriviamo alla Fontana di Trevi, uno dei monumenti più noti° di Roma.

Poco dopo davanti alla fontana.

Christine	Da chi fu costruita?
Antonio	Dall'architetto Salvi nel 1632.
Christine	Che bella! Somiglia ad un teatro!
Antonio	La facciata° è quella del palazzo Poli sotto cui fu scoperta la sorgente° dell'acqua. Il gigante è Oceano, circondato da cavalli marini e tritoni.
Christine	La prof ci ha detto che i turisti che vogliono tornare a Roma gettano una monetina° nella fontana senza guardare l'acqua.
Antonio	Vero. Guarda quel gruppo di giapponesi!
Christine	Mangiamo un gelato in quel bar?

Antonio Buon'idea! Così ci riposiamo e poi andiamo a Castel Sant'Angelo passando per piazza Navona, la piazza barocca più bella di Roma.

Dopo circa mezz'ora i due ragazzi arrivano in piazza Navona.

Antonio Questa piazza era un antico stadio romano. Delle tre fontane, la più grande è la *Fontana dei Fiumi* costruita da Gian Lorenzo Bernini.
Christine Sì, lo so, me ne hai già parlato. I fiumi sono: il Danubio, il Gange, il Nilo e il Rio de la Plata e rappresentano i quattro continenti allora conosciuti.
Antonio Ci fermiamo ai Tre Scalini?
Christine Naturalmente!

dei *gods*
sede *seat*
scalinata *steps*
Milite Ignoto *Unknown Soldier*
percorriamo *we go through*
giriamo *we turn*
noti *famous*
facciata *facade*
sorgente *source*
monetina *small coin*

Dopo la lettura

A. Rispondi alle domande con frasi complete.

1. Da dove comincia il giro di Antonio e Christine?
2. Che cos'era il Campidoglio?
3. Chi era Marco Aurelio?
4. In quale piazza si trova il monumento a Vittorio Emanuele?
5. Perchè è stato costruito?
6. Perchè i turisti gettano la monetina nella Fontana di Trevi?
7. Quale importante piazza visitano Antonio e Christine prima di arrivare a Castel Sant'Angelo?
8. Quante fontane ci sono nella piazza?
9. Chi ha progettato la fontana più famosa?

Ripasso 4

Nel periodo natalizio le città si vestono a festa con negozi e strade decorati con luci e palline. In molte case è ancora viva la tradizione di costruire il presepio, simbolo della nascita di Gesù Cristo. Molte famiglie addobbano l'albero di Natale, sotto il quale la notte del venticinque i genitori mettono i doni per i loro bambini. Nel pomeriggio le famiglie si riuniscono per mangiare e per giocare.

Nel cercare un bigliettino d'auguri per Christine, Antonio ne trova uno con una poesia di Gianni Rodari.

Christine racconta ad Antonio *Pane e tulipani*, il film che ha visto in classe. È la storia di una casalinga che decide di allontanarsi dalla famiglia per un po'. Per caso va a Venezia. Qui scopre un aspetto della vita diverso dalla routine a cui era abituata.

Durante la gita a Napoli, Christine ed i suoi compagni hanno l'opportunità di visitare la parte antica della città.

Dopo la lettura

A. Completa le frasi con la forma corretta di una delle seguenti parole o espressioni.

Napoli Sotterranea   sono addobbate
una donna   mettono
ricorda   un bigliettino d'auguri
una vita diversa   Napoli

1. Nel periodo natalizio le città _____ con luci e palline.

2. Il presepio _____ la nascita di Gesù Cristo.

3. A Natale i genitori _____ i regali sotto l'albero.

4. Antonio compra _____ per Christine.

5. Nel film *Pane e Tulipani* _____ si allontana da casa per sperimentare _____ .

6. Christine ed i suoi compagni di classe visitano

 _____ .

7. Catacombe, acquedotti e granai fanno parte della

 _____ .

Cruciverba 4

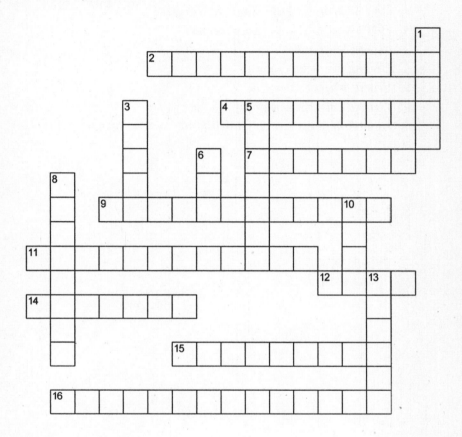

Orizzontali

2. Un dolce tipico di Napoli
4. La professione di Fernando
7. Il nome della protagonista del film
9. La Facoltà di Architettura è in via _____
11. Era uno stadio
12. Sono messi sotto l'albero di Natale
14. Il castello costruito a Napoli nel 1279
15. Il primo giorno dell'anno
16. I turisti vi gettano le monetine

Verticali

1. Con 8-Verticali, il film visto da Christine
3. Con 5-Verticali, imperatore romano
5. Vedere 3-Verticali
6. Un animale nella capanna
8. Vedere 1-Verticali
10. Pietra da costruzione gialla
13. La città in cui si recano Christine ed i suoi compagni

PARTE SECONDA

Fatti e figure della nostra storia

L'Italia nell'aprile del 1860

I La nascita di Roma

La leggenda

Secondo la leggenda, Romolo e Remo, i due gemelli figli della vestale°
Rea Silvia e del dio Marte, abbandonati sulle rive del Tevere, sono
allattati° da una lupa. Un giorno, un pastore li trova e li porta a casa
sua.

Diventati grandi°, i due fratelli fondano una città sul colle Palatino.
Per sapere chi deve governare decidono di fare una gara°. Romolo vince
e diventa il primo re della città che egli° chiama Roma. È il 21 aprile
753 a.C.

Poichè a Roma non ci sono donne, per popolare la città, Romolo fa
una festa ed invita le popolazioni vicine. Durante la notte i giovani
romani rapiscono° le ragazze sabine°. Scoppia la guerra° perchè i Sabini
rivogliono le loro donne. Alla fine le sabine convincono i due popoli a
fare la pace. Romolo ed il re sabino governano insieme. Dopo Romolo
altri sei re governano la città fino al 509 a.C. quando viene fondata la
repubblica.

Romolo e Remo sono allattati da una lupa   © Bettmann/CORBIS

La storia

Le scoperte archeologiche dicono che nel secolo VIII a.C. gli abitanti del colle Palatino formano una sola comunità: la Roma primitiva. La città si sviluppa perchè è vicina al fiume Tevere, che è una via di comunicazione importante. Questo fiume è facilmente attraversabile per la presenza dell'Isola Tiberina ed è navigabile fino al mar Tirreno.

Inoltre, Roma è situata tra due regioni commerciali molto ricche: l'Etruria° e la Campania. Quando il mare è in tempesta i mercanti, per trasportare le loro merci, passano per Roma. La città non è troppo lontana dal mare e ciò facilita i commerci. I Romani prendono il sale dalle saline° della costa e lo vendono alle popolazioni interne, passando per la via che si chiama Salaria («via del sale»). Molte persone vengono a Roma dalle regioni vicine, attratte dallo sviluppo della città. Durante il periodo monarchico Roma occupa il territorio fino al mare e diventa un famoso centro commerciale.

vestale *a virgin consecrated to the Roman goddess Vesta*
allattati *nursed*
diventati grandi *grown up*
gara *competition*
egli *he*
rapiscono *kidnap*
sabine *girls of an ancient people inhabiting chiefly the Apennines northeast of Latium, conquered and incorporated by Rome*
scoppia la guerra *war breaks out*
Etruria *today's Tuscany*
saline *rock-salt mines*

Dopo la lettura

A. Rispondi alle domande con frasi complete.
1. Chi sono i genitori di Romolo e Remo?
2. Chi si prende cura dei bambini?
3. Dove costruiscono la città Romolo e Remo?
4. Quale fratello vince la gara?
5. Perchè i Romani rapiscono le donne sabine?
6. Che cosa è la Roma primitiva?
7. Perchè Roma sorge vicino al Tevere?
8. Perchè Roma diventa un grande centro commerciale?

② Giulio Cesare
(100–44 a.C.)

Il primo triumvirato

Caio Giulio Cesare © Bettmann/CORBIS

Caio Giulio Cesare nasce a Roma il 13 luglio dell'anno 100 a.C. da una delle più nobili famiglie patrizie di Roma: la *gens° Julia*. Fin da giovane partecipa alla vita politica. Diventa questore, edile, pontefice massimo e pretore. Nel 61 a.C. ottiene il comando militare della Spagna dove dimostra le sue capacità militari e il suo valore. Per queste ragioni, quando ritorna dalla Spagna è nominato console. Nel 60 a.C. con Pompeo e Crasso, due uomini politici molto famosi a Roma, forma il primo triumvirato: i tre decidono di governare senza l'appoggio° del senato.

Poi Cesare conquista la Gallia° settentrionale che diventa provincia romana. Cesare ottiene gloria e fama. Geloso del successo di Cesare, Pompeo (Crasso è morto) si allea° con il Senato contro di lui. È la guerra civile (49–45 a.C.) Cesare vince e ritorna a Roma, mentre Pompeo muore in Egitto, ucciso° dal re Tolomeo.

La dittatura

Da questo momento Cesare assume il titolo di dittatore a vita e di comandante delle forze militari e governa saggiamente attuando molte riforme. Infatti, dà la cittadinanza romana alla Gallia e ad altre province fuori d'Italia; autorizza l'uso della moneta romana a tutte le province, dà le nuove colonie ai veterani e distribuisce le terre da coltivare ai poveri di Roma. Ma la riforma più importante è quella del calendario (detto giuliano) in cui° l'anno è diviso in 364 giorni e 6 ore. A causa della concentrazione di tutti i poteri nelle sue mani Cesare si crea molti nemici, sia tra il popolo che tra il senato e la nobiltà. Alle Idi di marzo (il 15 marzo) del 44 a.C. Cesare è vittima di una congiura° organizzata da una parte del Senato, dalla nobiltà e da Bruto, suo figlio adottivo.

gens *(Lat.) family*
appoggio *support*
Gallia *France*
si allea *forms an alliance*
ucciso *killed*
in cui *in which*
congiura *conspiracy*

Dopo la lettura

A. Rispondi alle domande con frasi complete.
1. Da quale famiglia discende Giulio Cesare?
2. Perchè è nominato console?
3. Da chi è formato il primo triumvirato?
4. Perchè scoppia la guerra civile?
5. Quali sono le riforme di Cesare?
6. Chi uccide Cesare?

B. Attività
1. Cerca notizie sulla riforma del calendario fatta da Gregorio XIII nel 1582.
2. Giulio Cesare ha distribuito le terre ai veterani per ringraziarli del loro aiuto. Quali ricompense ricevono oggi i veterani dallo stato?

③ La pace romana

Augusto imperatore

Dopo la morte di Cesare, per circa due secoli, Roma vive un periodo di tranquillità e di prosperità, chiamato *pax° romana*. Ottaviano Augusto, nipote di Cesare, inizia questo processo che fa dell'Italia e di Roma il centro del commercio, della cultura e dell'arte del Mediterraneo. Egli governa con il consenso del Senato che gli dà l'*imperium°* (comando) proconsolare, cioè il potere assoluto su tutto l'impero. Da qui il titolo di imperatore. Augusto favorisce° lo sviluppo del commercio con la costruzione in tutte le province di ponti, strade, porti e acquedotti e abbellisce le città con strade pavimentate, terme pubbliche, anfiteatri e monumenti.

La cultura

I romani cominciano ad apprezzare la cultura greca ed orientale. Sorgono° scuole private e pubbliche. In esse si insegnano la retorica (cioè l'abilità nel parlare) e la filosofia. Molti studiano anche il diritto, cioè l'arte di interpretare le leggi. I più ricchi si recano° in Grecia o in Oriente per frequentare le famose scuole di Atene, Alessandria d'Egitto e di Rodi°. Con l'aiuto del suo amico e consigliere Mecenate, Augusto protegge i letterati, come Virgilio ed Orazio°, che celebrano la sua grandezza.

Le classi sociali

Augusto porta la pace nello stato romano tra i vari gruppi che hanno partecipato alle guerre civili: senatori, cavalieri, plebi urbane, soldati. Ottiene il loro appoggio venendo incontro alle esigenze di ogni gruppo: ai veterani concede premi in denaro e in terre e permette ai cavalieri di diventare ufficiali; ai nobili di alcune province concede la cittadinanza; rende ereditaria la carica dei senatori.

Particolare attenzione è dedicata ai ceti° popolari. I terreni° pubblici e le miniere passano sotto il controllo dell'imperatore che dà così lavoro ai disoccupati°. Molte persone trovano lavoro anche nella costruzione di opere pubbliche. I poveri vivono a spese dello Stato, grazie alle distribuzioni gratuite di viveri°. Il divertimento è sempre assicurato. Il circo è il luogo dove si svolgono pericolose gare di corsa su bighe° tirate° da cavalli, combattimenti tra uomini armati contro bestie feroci, battaglie navali in arene appositamente° allagate.

Gli schiavi, che sono in diminuizione a causa della mancanza di guerre di conquista, sono trascurati da Augusto che fa delle leggi per impedire loro la possibilità di diventare liberi.

Augusto muore nel 14 d.C. Sotto di lui è nato Gesù Cristo. È iniziata l'era cristiana.

pax *(Lat.) peace*
imperium *(Lat.) command*
favorisce *favors*
sorgono *pop up*
si recano *go*
Rodi *Rhodes*
Orazio *Horace*
ceti *social classes*
terreni *lands*
disoccupati *unemployed*
viveri *food*
bighe *two-wheeled chariots*
tirate *pulled*
appositamente *purposely*

Dopo la lettura

A. Rispondi alle domande con frasi complete.

1. Che cos'è la *pax romana*?
2. Da dove deriva la parola imperatore?
3. Quali opere pubbliche fa costruire Augusto?
4. Perchè i Romani vanno in Grecia e in Oriente?
5. Quali concessioni Augusto fa ai singoli gruppi sociali?
6. Come vivono i poveri?
7. Perchè gli schiavi non sono aiutati da Augusto?
8. Quale evento importante si verifica sotto l'impero di Augusto?

Ripasso I

Sia la leggenda che le fonti storiche dicono che Roma è stata fondata sul colle Palatino vicino al fiume Tevere. La città è governata da vari re fino al 509 a.C. quando si forma la repubblica.

Uno dei più grandi uomini politici di tutti i tempi è Caio Giulio Cesare. Abile guerriero e esperto politico Cesare riesce a concentrare tutti i poteri nelle sue mani diventando dittatore a vita. Governa saggiamente attuando molte riforme in campi diversi, da quella del calendario a quella della moneta. È ucciso nel 44 a.C. dai suoi molti nemici.

Dopo la morte di Cesare prende il potere suo nipote Ottaviano Augusto. Sotto il suo governo l'impero romano vive un periodo di pace in cui prosperano la cultura e l'arte. Augusto riesce a dare stabilità allo Stato facendo concessioni alle varie classi sociali. Solo gli schiavi sono penalizzati a causa della diminuzione del loro numero per la mancanza di guerre di conquista.

Dopo la lettura

A. Completa le frasi nel modo appropriato.

1. Roma è stata costruita vicino _____ .

2. Dopo il 509 a.C. la forma di governo è _____ .

3. Cesare attua molte _____ .

4. Sotto Augusto l'impero vive un periodo di
   _____ .

Cruciverba 5

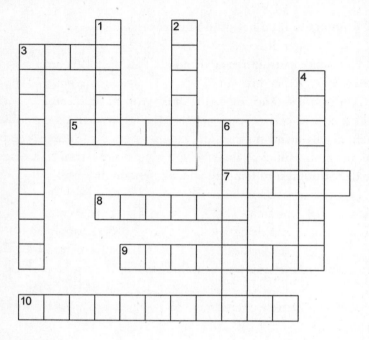

Orizzontali

3. La città fondata da Romolo
5. Amico e consigliere di Augusto
7. Uccide Cesare
8. Il fiume che attraversa Roma
9. Uno scrittore contemporaneo di Augusto
10. Lo formano Cesare, Pompeo e Crasso

Verticali

1. Il padre dei gemelli
2. Le donne rapite dai Romani
3. La madre di Romolo e Remo
4. Il colle su cui sorge Roma
6. L'isola del Tevere

4 La città medievale

La crisi dell'Impero Romano d'Occidente e le invasioni barbariche segnano per l'Italia e l'Europa un'epoca di decadenza economica e sociale (V–X sec.). Le invasioni distruggono le vie di comunicazione e rendono pericolosi i traffici; di conseguenza i commerci si riducono o scompaiono°. La crisi del commercio causa la decadenza delle città. Il numero degli abitanti si riduce drasticamente sia per le guerre che per le epidemie; molti edifici crollano° e non vengono ricostruiti. La maggior parte dei cittadini si rifugia nelle campagne sotto la protezione di un signore.

Durante l'età comunale (XI–XIII sec.) la ripresa del commercio favorisce la crescita delle città che ancora oggi conservano il loro caratteristico aspetto medievale. Le città diventano il centro d'attrazione per feudatari°, castellani, proprietari terrieri, che in esse° trovano possibilità di vita sociale e di attività politica. Anche° la gente delle campagne si trasferisce in città per cercare un lavoro più rimunerativo° e meno faticoso.

L'aspetto

L'aspetto delle città si trasforma: sorgono le grandi cattedrali, le grandi chiese, i grandi palazzi comunali, i palazzi delle corporazioni°, i palazzi e le torri° dei ricchi cittadini, nobili e mercanti. Oltre alle chiese parrocchiali, ci sono conventi, ospizi per i poveri, i malati e gli orfani. Le mura che circondano la città per difenderla dagli attacchi esterni, si allargano a causa° dell'aumento della popolazione. Le strade sono strette e tortuose°. Le piazze sono veri e propri luoghi d'incontro e riflettono la vita della città: c'è una grande piazza dominata dalla cattedrale e dai palazzi del Comune e ci sono tante piccole piazze con pozzi o fontane. Importanti sono la piazza del mercato quotidiano e la piazza del mercato settimanale, dove si vendono merci di ogni genere e dove si tengono° fiere periodiche. Le case dei ricchi sono concentrate

Una piazza medievale—Il Campo, Siena   © *Riccarda Saggese*

nel cuore della città, intorno alla cattedrale, al palazzo del vescovo°, al palazzo del Comune, mentre le case dei poveri sono situate lontano dal centro e vicino alle mura.

La vita

Per imparare a leggere, a scrivere e a contare ci sono scuolé a livello elementare, mentre alle scuole superiori accedono gli studenti che vogliono continuare a studiare. Le università sono aperte a chi desidera svolgere° una professione.

Per i forestieri° e per chi ha voglia di divertirsi sono aperti alberghi e taverne, con le loro insegne° pittoresche. Ci sono anche bische° e bordelli autorizzati, organizzati e strettamente sorvegliati° dalle autorità comunali.

Commercianti ed artigiani hanno botteghe o laboratori sotto i portici delle case dove abitano. Spesso in una strada si concentrano i lavoratori di una stessa categoria. Così, la strada prende il nome dalle persone che vi lavorano: via dei Calzolai, via dei Lanaiuoli, via degli Orefici°. Tintori°, mugnai°, conciatori° si stabiliscono vicino ad un fiume o ad un corso d'acqua° che attraversa la città o anche al porto, se si tratta di una città marittima.

Tutti coloro che lavorano fanno parte delle corporazioni di cui devono rispettare le regole. In cambio ricevono solidarietà ed assistenza per se stessi e per la famiglia in caso d'invalidità o di morte. Nessun cittadino è ignorato e tutti partecipano intensamente alla vita della città.

scompaiono *disappear*
crollano *collapse*
feudatari *feudal lords*
in esse *there*
anche *even*
rimunerativo *profitable*
corporazioni *guilds*
torri *towers*
a causa di *because of*
tortuose *winding*
si tengono *are held*
vescovo *bishop*
svolgere *to practice*
forestieri *foreigners*
insegne *signs*
bische *casinos*
sorvegliati *controlled*
orefici *goldsmiths*
tintori *dyers*
mugnai *millers*
conciatori *tanners*
corso d'acqua *stream*

Dopo la lettura

A. Rispondi alle domande con frasi complete.

1. Quali sono le conseguenze delle invasioni barbariche?
2. Che cosa succede durante l'età comunale?
3. Perchè molta gente si trasferisce in città?
4. Perchè sono importanti le piazze?
5. Dove abitano i ricchi? E i poveri?
6. Com'è divisa la scuola?
7. Dove vanno i cittadini quando vogliono mangiare, divertirsi o riposarsi?
8. Dove sono le botteghe e i laboratori dei cittadini?
9. Da dove prendono origine i nomi delle strade?
10. Perchè i tintori, i mugnai e i conciatori risiedono vicino ai fiumi?
11. Qual è il compito delle corporazioni?

⑤ La cucina medievale

Nei castelli dei ricchi signori medievali si organizzano spesso banchetti°
per celebrare matrimoni, vittorie, feste religiose o anche semplicemente
per mostrare la ricchezza del proprietario agli invitati. La tavola è
apparecchiata con una tovaglia ricamata° di colore chiaro, mentre le
posate più usate sono il cucchiaio, che serve per le minestre, e il coltello
con cui si tagliano le carni.

Le portate°

Le portate sono molte e varie. All'inizio del pasto sono serviti frutta
fresca, secca o candita°, dolcetti e confetti accompagnati da vino
speziato. Segue il biancomangiare, una pietanza° a base di ingredienti
bianchi quali° riso, farina, latte, formaggi, zucchero e carni bianche,
come quella di pollo. Il colore bianco, simbolo di leggerezza°, stimola
l'appetito e facilita l'assimilazione dei cibi più pesanti del banchetto.
Dopo le zuppe di ceci o di piselli, sono servite carni rosse come quelle
di cervo° e di cinghiale° che spesso gli stessi signori cacciano°. Le
mucche, le pecore e le capre sono usate solo come animali da latte.
  Nei giorni di magro° imposti dalla Chiesa, e cioè il mercoledì, il
venerdì, il sabato, la vigilia° di una festività e durante la Quaresima°,
non è permesso mangiare carne o altri prodotti animali. Così, il pesce
sostituisce la carne, il grasso vegetale quello animale e il latte di
mandorle quello di mucca o di pecora.

Le spezie e le erbe

Le spezie e le erbe condiscono° le varie portate. Pepe, cannella, noce
moscata°, garofano° e senape° sono molto costosi perchè importati;
salvia, zafferano, rosmarino ed anice, oltre ad essere usati in cucina,
sono anche considerati erbe medicinali.

Pane e vino

Pane e vino sono sempre sulla tavola. Il pane bianco, preparato con farina di frumento°, indica l'appartenenza ad uno stato sociale elevato; mentre il pane nero, preparato con farina di cereali inferiori, è consumato dalla popolazione della campagna e dalle persone povere della città. Il vino è bevuto liscio° o insaporito con spezie e frutta.

Alla fine del pranzo sono offerte mele o pere che aiutano la digestione.

banchetti *banquets*
ricamata *embroidered*
portate *courses*
candita *candied*
pietanza *dish*
quali *such as*
leggerezza *lightness*
cervo *deer*
cinghiale *wild boar*
cacciano *hunt*
giorni di magro *days of abstinence*
vigilia *eve*
Quaresima *Lent*
condiscono *season*
noce moscata *nutmeg*
garofano *clove*
senape *mustard*
frumento *wheat*
liscio *straight*

Dopo la lettura

A. Rispondi alle domande con frasi complete.
1. Perchè i signori danno i banchetti?
2. Quale posata non è usata nel Medioevo?
3. Perchè dopo la frutta è servito il biancomangiare?
4. Di quali animali non si mangiano le carni?
5. Perchè nei giorni di magro è vietato mangiare la carne?
6. A che cosa servono le erbe e le spezie?
7. Chi mangia il pane bianco? Chi il pane nero?
8. Come si beve il vino?
9. Che tipo di frutta si mangia alla fine del pranzo?

B. Attività
1. Cosa mangiavano i tuoi nonni nei giorni di festa? Se non lo sai, puoi chiederlo a loro o ai tuoi genitori. Cosa mangi tu nelle stesse occasioni?
2. Descrivi un piatto tipico che prepara tua nonna.

6 San Francesco
(1182–1226)

La vita

Francesco nasce ad Assisi, in Umbria, dove trascorre la fanciullezza°
studiando il latino, il provenzale e la musica. Suo padre, Pietro
Bernardone, è un mercante di spezie e stoffe° e spinge° il figlio a fare il
suo stesso lavoro. Ma Francesco ama la vita spensierata°, fatta di feste e
divertimenti e non ha voglia di lavorare.

A vent'anni partecipa alla guerra tra Assisi e Perugia ed è fatto
prigioniero. Tornato a casa traumatizzato dalla crudeltà della guerra,
decide di dedicare la sua vita al servizio dei poveri, degli ammalati e del
suo prossimo°. Gli amici lo abbandonano, il padre non approva la sua
decisione, solo la madre gli° è vicina.

Francesco trascorre° un periodo di meditazione tra le campagne e le
colline di Assisi, pregando nella chiesetta di San Damiano nei pressi°
della città. Un giorno il crocifisso gli parla: «Va', ripara la mia casa che
sta cadendo». Francesco, allora, vende le stoffe del padre e porta il
denaro al prete di San Damiano, ma suo padre si arrabbia ed il giovane
è costretto° a nascondersi. Dopo pochi giorni Francesco, davanti al
vescovo rinuncia a tutte le ricchezze paterne per vivere in povertà. Molti
giovani lasciano le loro famiglie per seguire il suo esempio.

La Regola

Nel 1210 il papa Innocenzo III approva la *Regola francescana*, basata
sulla povertà, umiltà, carità e penitenza. Ispirandosi alla vita di Gesù
Cristo, Francesco predica l'amore come elemento essenziale della vita di
tutto l'universo.

Si incontra con i suoi fratelli nella Porziuncola, una piccola cappella
all'interno della Basilica di Assisi. Qui, la notte del 18 marzo 1212
Francesco incontra Chiara d'Assisi, una fanciulla che desidera lasciare

La Basilica, Assisi © *Riccarda Saggese*

tutto ciò che ha per vivere in povertà come lui. Francesco le° taglia i
capelli, le dà il saio° francescano e la° manda nella chiesa di San
Damiano, dove Chiara fonda l'ordine delle Clarisse.

Dal 1213 Francesco comincia a girare il mondo per diffondere il
messaggio evangelico. Si reca° in Spagna, in Egitto, in Palestina ed in
tutta l'Italia. Ritornato ad Assisi continua la sua missione di servo
povero di Dio.

Nel Natale del 1223 a Greggio inizia la tradizione del presepio
mettendo un neonato° su un po' di paglia° tra un bue e un asinello. Nel
1224 riceve le stimmate. Stanco ed ammalato, è ospitato nel convento
di Santa Chiara, dove compone il *Cantico delle Creature*, un inno alla
vita, dono di Dio.

Sentendo vicina la morte, chiede di andare alla Porziuncola, dove
muore il 3 ottobre 1226. Il 16 luglio di due anni dopo il papa Gregorio
IX lo proclama Santo.

Nel 1939 è proclamato patrono d'Italia e nel 1979 protettore degli
ecologisti.

fanciullezza *childhood*

stoffe *fabrics*

spinge *pushes*

spensierata *carefree*

prossimo *fellow creatures*

gli *to him*

trascorre *spends*

nei pressi *on the outskirts*

è costretto *is forced*

le *to her*

saio *habit*

la *her*

si reca *he goes*

neonato *newborn*

paglia *straw*

Dopo la lettura

A. Rispondi alle domande con frasi complete.

1. Che lavoro fa il padre di Francesco?
2. Perchè Francesco non ha voglia di lavorare?
3. Quale evento cambia la vita di Francesco?
4. Perchè, secondo te, gli amici lo abbandonano e il padre s'infuria?
5. Cosa fa Francesco dopo aver ascoltato le parole del crocifisso?
6. Su quali principi è fondata la sua Regola?
7. Chi è Chiara d'Assisi?
8. Quale tradizione inizia Francesco?
9. Che cos'è il *Cantico delle Creature*?

B. Attività

1. Guarda il film *Fratello Sole, Sorella Luna* di Franco Zeffirelli. Esprimi un tuo giudizio sui personaggi e sul messaggio del film.
2. Fai una ricerca sull'Umbria al tempo di Francesco. Individua i luoghi francescani.
3. Chi è la santa patrona d'Italia?

7 Marco Polo
(1254–1324)

A Venezia

Marco Polo nasce a Venezia nel 1254, poco dopo la partenza per l'Oriente di suo padre Niccolò, un ricco mercante. La madre di Marco muore dopo pochi anni ed il bambino è allevato° da una coppia di zii che gli° insegnano a diventare un buon mercante. Oltre a leggere, a scrivere, e all'aritmetica, Marco impara ad usare le monete° straniere, a selezionare i prodotti e a manovrare le navi da carico°.

Nel 1269 Niccolò Polo ritorna a Venezia dopo il suo primo viaggio in Cina e la permanenza° presso la corte dell'imperatore mongolo Kublai Khan che gli offre il titolo nobiliare° e lo invita a ritornare in Oriente. Così, nel 1271 il giovane Marco lascia la sua città e, insieme con il padre e lo zio Matteo, parte per la Cina.

In Cina

Da Venezia i tre arrivano ad Acre (Akko) in Palestina per mare. Dalla Palestina alla Cina viaggiano sui cammelli, attraversando deserti e montagne. Finalmente, dopo quattro anni, arrivano alla residenza estiva di Kublai Kan a Shangun, vicino a Kaglan. L'imperatore apprezza l'esperienza e le capacità dei suoi ospiti ed affida° a Marco incarichi° importanti. Marco va ad ispezionare le province del sud e dell'est della Cina, diventa ambasciatore personale dell'imperatore e governatore della città di Yanghou.

A Venezia

Dopo molti anni i Polo decidono di ritornare a Venezia, ma Kublai si oppone. L'occasione si presenta nel 1292 quando il re della Persia, nipote di Kublai, manda in Cina alcuni suoi sudditi° a prendere la principessa Cocacin che egli vuole sposare. I sudditi persiani chiedono ai Polo di accompagnarli nel loro viaggio di ritorno.

Con il permesso di Kublai Kan i Polo partono con quattordici giunche° dal porto di Zaitun (Quanzhou) nel sud della Cina. Lasciano la principessa a Hormuz, sul mar Arabico, e continuano il viaggio fino a Venezia. Dopo ventiquattro anni i Polo ritornano in patria con molte ricchezze. Kublai, infatti, ha dato loro molte pietre preziose, seta, porcellana e tanti altri oggetti di valore.

A Genova

Purtroppo, però, c'è la guerra tra Genova e Venezia e Marco è fatto prigioniero°. Nelle carceri di Genova Marco detta° al suo compagno di prigione, Rustichello da Pisa, un famoso scrittore, i ricordi del suo viaggio. Il suo libro, scritto in franco-italiano, è conosciuto con il titolo di *Milione*, che è il soprannome° dato a tutta la stirpe° da Emilione, un antenato° della famiglia Polo. Nel *Milione* Marco parla della modernità dell'Impero di Kublai Kan, citando come esempi il sistema postale, organizzato in una vasta rete° di uffici dislocati° ovunque nell'impero, l'uso del carbone come combustibile, l'uso delle banconote° con il sigillo° dell'imperatore. Marco descrive, inoltre, i luoghi da lui visitati come la Persia, la Mongolia, la Cina e l'India, ma anche paesi da lui non veduti, ma illustrati in base a testimonianze da lui raccolte e ritenute attendibili°. Attraverso il racconto di Marco conosciamo l'esistenza di luoghi come la Russia, la Siberia, il Giappone, i Paesi arabi, l'Abissinia e la costa orientale dell'Africa, come anche la vita, gli usi e i costumi di quelle popolazioni. Il *Milione* è la prima descrizione geografica che sostituisce una raccolta di dati e fatti documentati alle fantasie e alle leggende dei primi secoli del Medioevo.

A Venezia

Nel 1299 Marco, liberato, torna a Venezia dove sposa Donata Loredano, da cui ha tre figlie. Fino alla morte (1324) Marco si occupa di affari e commercio e, soprattutto, della diffusione del suo libro.

è allevato *is raised*
gli *him*
monete *currency*
navi da carico *cargo ships*
permanenza *stay*
titolo nobiliare *title of rank*
affida *entrusts*
incarichi *tasks*
sudditi *subjects*
giunche *junks (type of boat)*
è fatto prigionero *jailed*
detta *dictates*
soprannome *nickname*
stirpe *descendants*
antenato *ancestor*
rete *web*
dislocati *placed*
banconote *paper money*
sigillo *seal*
attendibili *reliable*

Dopo la lettura

A. Rispondi alle domande con frasi complete.

1. Con chi vive il piccolo Marco dopo la morte della madre?
2. Che cosa impara dagli zii?
3. Quanti anni ha Marco quando parte per la Cina?
4. Quanti anni ha Marco quando arriva in Cina?
5. Quali mezzi di trasporto usano i Polo per arrivare in Cina?

6. Quali incarichi Kublai Kan affida a Marco?
7. Quale occasione permette ai Polo di tornare a Venezia?
8. Che cosa portano i Polo nella loro città?
9. Da chi è fatto prigioniero Marco?
10. Che cosa fa Marco in prigione?
11. Chi è Rustichello da Pisa?
12. Di che cosa parla il *Milione*?
13. In che consiste l'importanza di questo libro?

B. Attività
1. Traccia sulla cartina il viaggio di Marco Polo in Cina. Quali mezzi di trasporto diversi dalle giunche puoi usare oggi?
2. Descrivi un tuo viaggio immaginario in un paese lontano dal tuo. Che mezzi di trasporto usi? Con chi vai? Che cosa porti con te? Quali difficoltà puoi incontrare?

Ripasso 2

Dopo un periodo di crisi economica e sociale, che dura circa cinque secoli, la ripresa del commercio favorisce il sorgere della città medievale. Circondata da mura che la difendono dagli attacchi esterni, la città diventa il centro della vita religiosa, sociale e politica dei suoi abitanti. Ci sono molte chiese, luoghi di culto e di preghiera, come anche conventi e ospizi per i poveri. Ci sono tante piazze, che esplicano° diverse funzioni: la piazza della chiesa, la piazza del mercato quotidiano e quella delle fiere e tante altre. Ma la città è soprattutto luogo di produzione, di scambi, di consumi. Per questo lo spazio è utilizzato a seconda delle esigenze. Ci sono luoghi di lavoro e luoghi residenziali, luoghi di svago° e luoghi di mercato.

Un altro importante aspetto della vita medievale è la cucina. Il banchetto medievale è di varie portate. Si comincia con vari tipi di frutta, seguiti da un piatto di carni bianche, per continuare poi con le carni rosse. Il pesce sostituisce la carne nei giorni di magro. Le erbe e le spezie sono usate sia per condire le portate ed insaporire il vino, sia come medicinali. Il pane bianco è usato dai ceti più elevati; il pane nero dai poveri.

Una figura molto importante di questo periodo è San Francesco d'Assisi. Dopo aver passato la gioventù tra i divertimenti ed il lusso, Francesco rinuncia a tutte le sue ricchezze e dedica la sua vita ai poveri e agli ammalati. Nel 1210 papa Innocenzo III approva la *Regola* fondata principalmente sull'amore universale. Nel Natale del 1223, a Greggio, dà inizio alla tradizione del presepio. Muore nel 1226.

Un altro grande personaggio del Medioevo è il veneziano Marco Polo. Nel 1271, appena diciassettenne, parte per l'Oriente con il padre e lo zio. Arrivato in Cina, è ospitato presso la corte dell'imperatore Kublai Kan che gli affida incarichi importanti. Ritorna a Venezia dopo ventiquattro anni, ma a causa della guerra della sua città contro Genova, viene fatto prigioniero e messo nelle carceri genovesi. Qui detta allo scrittore Rustichello da Pisa il *Milione*. Il libro è una fonte ricca di notizie non solo sull'impero di Kublai Kan e sui paesi visitati da Marco, ma anche su quelli su cui egli ha raccolto notizie e testimonianze.

esplicano *carry out*
svago *amusement*

Dopo la lettura

A. Completa le frasi in modo appropriato.

1. La città medievale nasce grazie allo sviluppo del
   _____ .

2. Lo spazio è usato a seconda delle _____ della popolazione.

3. La frutta apre e chiude il _____ medievale.

4. Ci sono dei giorni in cui è vietato mangiare

   _____ .

5. Francesco d'Assisi abbandona le sue ricchezze per
   _____ i poveri e gli _____ .

6. Il primo presepio è istituito da San Francesco nel

   _____ .

7. Marco Polo è ospite per molti anni dell'_____ .

8. Al suo ritorno dalla Cina, Marco Polo detta

   _____ .

9. Il *Milione* parla anche di _____ non visitati da
   Marco Polo.

Cruciverba 6

Orizzontali

3. Sostituisce la carne nei giorni di magro
5. Il libro di Marco Polo
7. La città di San Francesco
9. Acquista importanza nel periodo comunale
11. Il patrono d'Italia
12. Lo sono il pepe e il sale

Verticali

1. Vi è nato Marco Polo
2. Posata che mancava sulla tavola medievale
4. È bevuto con o senza spezie
6. Il colore simbolo di leggerezza
8. Il paese visitato da Marco Polo
10. Una spezie

8 Lorenzo il Magnifico
(1449–1492)

La Signoria

Il Quattrocento è il secolo dell'affermazione della classe mercantile che provoca la trasformazione del Comune in Signoria. Il potere, cioè, dalle mani dei cittadini e dei magistrati (nominati da questi) passa nelle mani di una sola persona (*Signore*) o famiglia. A Firenze, la famiglia de' Medici opera questa trasformazione, da un lato limitando la libertà dei cittadini, dall'altro offrendo ad essi la possibilità di una vita tutto sommato° economicamente tranquilla e culturalmente molto progredita°.

La vita

Il giorno di Capodanno del 1449, dalla madre Lucrezia Tornabuoni e dal padre Cosimo, signore di Firenze, nasce a Firenze Lorenzo de' Medici. A otto anni sa già leggere i testi sacri. A dodici anni conosce bene il latino e la poesia di Ovidio. Con l'aiuto del suo precettore, Cristoforo Landino, legge le opere dei più famosi poeti e scrittori in volgare°, come Dante, Petrarca e Boccaccio. Impara a memoria molti brani della *Divina Commedia* di Dante ed in seguito a ciò si convince della validità del volgare toscano come lingua di comunicazione tra i cittadini comuni, al posto del° latino.

Nel 1468 sposa Clarice Orsini, una giovane romana non bella, non intelligente, ma ricca e di nobile famiglia. Il matrimonio è voluto dallo stesso Lorenzo sia per avere la dote° di Clarice di seimila fiorini°, sia per far accettare la sua famiglia, ricca, ma non nobile, da tutti gli altri stati europei ed italiani. Dal matrimonio nascono dieci figli, tre dei quali muoiono durante l'infanzia e tre maschi e quattro femmine sopravvivono. Sul piano politico Lorenzo mostra di essere un grande ed abile° diplomatico. In politica interna modifica la costituzione in modo da controllare personalmente il governo della città. Diventa il *Signore* della città. In politica estera assume il ruolo di moderatore fra i vari stati italiani.

Non mancano anche per lui i momenti difficili. Nel 1472 Jacopo e Francesco Pazzi, con l'aiuto del papa Sisto IV, organizzano una congiura per impossessarsi° del potere ed uccidere Lorenzo e suo fratello Giuliano. Durante una cerimonia religiosa nella cattedrale di Firenze, Giuliano viene ucciso, mentre Lorenzo si salva grazie agli amici che chiudono la porta della sacrestia dove egli si è rifugiato. È il popolo a vendicare° i due fratelli impiccando° i cospiratori.

Un grande mecenate°

Durante la sua Signoria Lorenzo fa di Firenze la culla° italiana della cultura e dell'arte. Egli diventa un grande mecenate accogliendo presso la sua corte scienziati, filosofi, poeti ed artisti come Marsilio Ficino, Luigi Pulci, Antonio del Pollaiolo e Sandro Botticelli. Usa il volgare come lingua di comunicazione e ne fa uno strumento di spettacolo per il popolo, in occasioni di feste e celebrazioni pubbliche. Egli stesso compone versi in volgare in cui esalta l'amore e la gioventù, tra i quali è celebre il *Trionfo di Bacco e Arianna*, che è un invito a godersi° la giovinezza che fugge°. Al centro di questo multiforme interesse c'è l'idea che l'arte possa contribuire allo sviluppo della civiltà allo stesso modo del buon governo o della prosperità economica.

Lorenzo de' Medici, detto il Magnifico, muore nella sua villa di Careggi nel 1492, ricordato da tutti come un uomo eccezionale che ha coperto sapientemente tanti ruoli.

tutto sommato *overall*
culturalmente molto progredita *culturally advanced*
volgare *vernacular*
al posto del *in place of*
dote *dowry*
fiorini *florentine currency*
abile *skilled*

impossessarsi *to seize*
vendicare *to revenge*
impiccando *hanging*
mecenate *patron*
culla *cradle*
godersi *to enjoy*
fugge *flies by*

Dopo la lettura

A. Rispondi alle domande con frasi complete.
  1. Che cos'è la Signoria?
  2. Quale vantaggio offre la Signoria ai cittadini?
  3. In che giorno è nato Lorenzo il Magnifico?
  4. È un bambino prodigio Lorenzo?
  5. Perchè sposa Clarice Orsini?
  6. Come agisce in politica il Magnifico?
  7. Che cos'è la congiura dei Pazzi?
  8. Come finisce l'episodio?
  9. Perchè Firenze diventa famosa in tutto il mondo?
  10. Qual è l'idea che il Magnifico ha dell'arte?

9 Cristoforo Colombo
(1451–1506)

A Genova, in un quartiere° del centro, a cento passi dagli altissimi grattacieli, c'è una casa antica, molto antica: le pietre che la decorano sono del Medioevo. La tradizione dice che in questa casa ha abitato Cristoforo Colombo, il grande navigatore italiano che ha scoperto l'America.

Cristoforo Colombo
© *Hulton-Deutsch Collection/CORBIS*

Gli studi

Cristoforo Colombo nasce a Genova nel 1451 da Domenico, un tessitore di lana°, e da Susanna Fontanarossa. Fino all'età di ventidue anni segue il mestiere paterno, poi decide di diventare capitano di velieri°. Per questo comincia ad imparare il portoghese, il castigliano° ed il latino, legge molti libri di geografia, copia codici° e carte nautiche, studia la Bibbia e gli scritti di Marco Polo raccogliendo° tutte le informazioni possibili sulla forma della terra. I suoi studi lo convincono che il mondo è rotondo e non piatto. Per questa ragione crede che sia° possibile trovare una via più breve per raggiungere l'Estremo Oriente navigando attraverso l'Oceano Atlantico, senza dover fare la circumnavigazione dell'Africa.

Le caravelle

Il matrimonio con Felipa Moniz Perestrello, figlia del governatore dell'isola di Porto Santo, uomo molto influente° presso la corte portoghese, gli apre le porte alla carriera di navigatore. Per questo chiede navi ed uomini al re del Portogallo, ma questi° rifiuta. Colombo, allora, va in Spagna alla ricerca di finanziamenti° e dopo molti anni finalmente nel 1492, il re Ferdinando e la regina Isabella gli danno tre caravelle, la Nina, la Pinta e la Santa Maria, e la garanzia del titolo di Ammiraglio° e di Vicerè° e governatore delle terre conquistate in nome della Spagna (Convenzione di Santa Fe, 17 aprile 1492).

Il nuovo mondo

Le caravelle partono dal porto di Palos, in Spagna, il 3 agosto 1492. Dopo una sosta° alle Canarie, il viaggio continua senza gravi incidenti. Finalmente il 12 ottobre Colombo con il suo equipaggio° sbarca su un'isola che egli chiama San Salvador, convinto di aver raggiunto° le Indie Orientali.

Al suo ritorno in Spagna Colombo è ricevuto con grandi onori. Ritorna in America altre tre volte portando le armi da fuoco, l'aratro°, i cavalli ed il grano. Presto anche i prodotti americani, come patate, cacao, tabacco e mais sono presenti sulle tavole degli spagnoli e degli europei.

Gli ultimi anni

Purtroppo a causa dell'invidia° dei nemici è privato° di tutti gli onori e imprigionato per qualche tempo. Trascorre l'ultima parte della sua vita quasi dimenticato, in una difficile situazione finanziaria e senza essersi reso conto° di aver scoperto un nuovo mondo. Muore a Valladolid nel 1506, assistito dai suoi figli Diego e Ferdinando.

quartiere *district*

tessitore di lana *wool weaver*

velieri *sailing ships*

castigliano *Castilian Spanish*

codici *manuscripts*

raccogliendo *collecting*

sia *may be*

influente *influential*

questi *he (refers to the king)*

finanziamenti *funds*

ammiraglio *admiral*

viceré *viceroy*

sosta *stop*

equipaggio *crew*

raggiunto *reached*

aratro *plough*

invidia *envy*

privato *deprived*

essersi reso conto *to realize*

Dopo la lettura

A. Rispondi alle domande con frasi complete.
1. Dov'è situata la casa di Cristoforo Colombo?
2. Che lavoro fa il padre di Colombo?
3. Che cosa fa Colombo per diventare capitano di velieri?
4. Qual è il risultato dei suoi studi sulla forma della terra?
5. Chi finanzia il suo viaggio?
6. Quanto tempo impiega per arrivare a San Salvador?
7. Quali prodotti il navigatore genovese porta dal nuovo mondo?
8. Come passa gli ultimi anni della sua vita?

B. Attività
1. Quali sono le conseguenze della scoperta dell'America?
2. Fai una ricerca al computer su Amerigo Vespucci.

Cruciverba 7

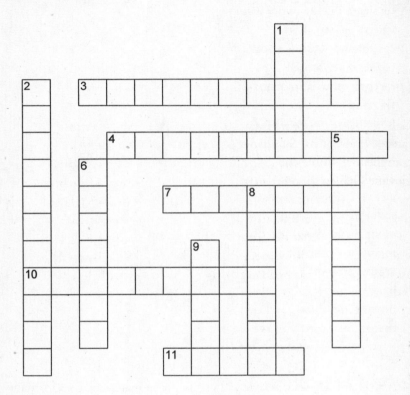

Orizzontali

3. Una lingua imparata da Colombo
4. La città in cui muore Colombo
7. Il nome del nuovo mondo
10. L'oceano attraversato da Colombo
11. Il porto da cui parte Colombo

Verticali

1. Un figlio di Colombo
2. L'isola su cui sbarca Colombo
5. La regina che dà le navi a Colombo
6. Un animale trasferito in America
8. Lo è il mondo per Colombo
9. Il nome di una caravella

Galileo Galilei
(1564–1642)

Il metodo sperimentale

Galileo Galilei nasce a Pisa nel 1564 da una nobile, ma non ricca famiglia fiorentina. Suo padre Vincenzo, famoso musicista e compositore, vuole che il figlio diventi medico, ma gli interessi del giovane Galileo sono orientati principalmente verso l'algebra, la matematica e l'astronomia. Per questa ragione, egli dedica la sua vita allo studio della natura attraverso il *metodo sperimentale*, cioè l'osservazione diretta dei fenomeni naturali da cui ricava° le leggi fisiche. Così un giorno, mentre è nel Duomo di Pisa, osservando le oscillazioni di una lampada appesa al soffitto, scopre le leggi del pendolo.

Il cannocchiale°

Nel 1592 si trasferisce a Padova per insegnare matematica e vi rimane per diciotto anni. Sono quelli gli anni più proficui° della sua vita, durante i quali è in continuo contatto con i maggiori scienziati europei tra i quali Keplero, Gassendi, Welser. Inoltre, in una calda sera d'estate, mette due lenti° alle estremità di un tubo ed osserva il cielo. Ad un certo punto si accorge che le cupole° della Basilica di Sant'Antonio sono così vicine che può vederne chiaramente i mattoni° e i piccoli campanili. Allora, felice, chiama tutte le persone che sono in casa e mostra loro come gli oggetti lontani appaiano° grandi attraverso lo strumento da lui riscoperto e perfezionato: il cannocchiale. Grazie al cannocchiale Galileo osserva che la superficie della luna è formata da monti e valli, che la Via Lattea° è composta da piccole stelle, che Giove ha quattro satelliti, che Venere ha le stesse fasi della Luna. Da queste osservazioni Galileo deduce che la Terra e gli altri pianeti sono formati

Galileo scruta le stelle con il cannocchiale © *Bettmann/CORBIS*

dalla stessa materia; che il sole illumina gli altri pianeti; che i pianeti
ruotano attorno al Sole.

Da questo momento con il cannocchiale sempre puntato° verso le
stelle fa varie scoperte: le montagne della luna, le macchie solari°, gli
anelli di Saturno, le fasi di Venere. Diventa, così, famoso in tutti gli
stati italiani ed europei.

Il sole al centro dell'universo

Seguendo le teorie dello scienziato polacco Niccolò Copernico, Galilei
dimostra con le prove raccolte in anni di studi e di osservazioni che il
sole è al centro del sistema solare e non la terra, come è scritto nella
Sacra Scrittura. Per queste affermazioni è sospettato d'eresia
dall'Inquisizione° che sostiene l'infallibilità della Bibbia scritta sotto
l'ispirazione divina.

L'abiura°

Galilei continua le sue ricerche e nel 1632 pubblica la sua opera più importante, il *Dialogo sopra i due Massimi Sistemi del Mondo, tolemaico e copernicano*. In quest'opera il copernicanesimo è presentato come il punto conclusivo di tutta la scienza moderna. Galilei è convinto che la Chiesa, di fronte all'evidenza delle prove, accetterà le nuove teorie scientifiche. È, invece, accusato d'eresia. Lo scienziato vecchio, malato, sfiduciato, incapace di difendersi, rinnega le sue dottrine e, dopo aver udita° la sentenza che lo condanna al carcere, pronuncia l'abiura.

Gli ultimi anni

Trascorre gli ultimi anni della sua vita continuando a mantenere rapporti con gli scienziati europei e portando a termine il suo capolavoro° sulla dinamica moderna.

Muore nel 1642 assistito dal suo fedele discepolo Vincenzo Viviani ed è sepolto nella tomba di famiglia. Solo nel 1736 le sue spoglie sono portate nella chiesa di Santa Croce a Firenze.

ricava *deduces*
cannocchiale *telescope*
proficui *profitable*
lenti *lenses*
cupole *domes*
vederne i mattoni *to see the bricks of the Basilica*
appaiono *appear*
la Via Lattea *Milky Way*
puntato *pointed*
macchie solari *sunspots*
Inquisizione *Inquisition (a Roman Catholic ecclesiastical tribunal having as its primary objective the discovery, punishment, and prevention of heresy)*
abiura *abjuration (rejection of old beliefs)*
dopo aver udita *after hearing*
capolavoro *masterpiece*

Dopo la lettura

A. Indica se le seguenti affermazioni sono vere o false.

1. Il padre di Galileo vuole che il figlio diventi
   astronomo.   V   F
2. Il metodo sperimentale è utilizzato da Galileo per
   analizzare i fenomeni della natura.   V   F
3. Nel Duomo di Pisa Galileo scopre le montagne
   della luna.   V   F
4. Con il cannocchiale Galileo può vedere gli oggetti
   lontani.   V   F
5. Le teorie di Galileo non sono accettate
   dall'Inquisizione.   V   F
6. Secondo Copernico il sole gira intorno alla terra.   V   F
7. Per Galileo la scienza moderna è basata sulle teorie
   di Copernico.   V   F
8. Dopo l'abiura Galileo continua i suoi studi.   V   F
9. È sepolto a Firenze.   V   F

II Masaniello
(1620–1647)

Le condizioni del Sud

Nel 1600 l'Italia meridionale è sotto il dominio del Viceré spagnolo che
ha aumentato° sensibilmente le tasse e le gabelle° per favorire
l'arricchimento sia della corte di Madrid che dei nobili del regno di
Napoli. Il popolo, che già vive in condizioni misere è esasperato dal
continuo aumento di tutti i prodotti, specialmente dei generi
alimentari°. Per quanto riguarda il pane, per esempio, si paga la tassa
sul macinato°, sulla farina e sulla cottura°. Inoltre, è vietato prepararlo
in casa.

Tommaso Aniello, detto Masaniello
© Archivio Iconografico, S.A./CORBIS

Masaniello pescivendolo

È in questo scenario sociale e
politico che nel giugno 1620 nasce
a Napoli Tommaso Aniello, detto
Masaniello, da Francesco d'Amalfi
e da Antonia Gargano. Segue il
mestiere del padre e diventa
pescivendolo. Talvolta°, per non
pagare la gabella, porta di nascosto°
il pesce a casa dei mercanti e dei
signori, ma viene spesso scoperto,
bastonato° e portato in prigione dai
gabellieri. Per questa ragione
incomincia ad odiare i nobili ed il
governo spagnolo che costringono il
popolo a vivere in condizioni
poverissime.

La rivolta°

Nel giugno del 1647 l'aumento della gabella sulla frutta offre l'occasione per la rivolta. Masaniello è contattato da don Giulio Genoino, la vera mente° della rivolta, che già in precedenza ha tentato di istigare il popolo contro il malgoverno spagnolo. La rivolta, capitanata da Masaniello, scoppia il 6 giugno 1647 e culmina° il 7 luglio con il lancio° di frutta e sassi contro i gabellieri e le guardie del Vicerè. Nei giorni seguenti il Vicerè è costretto da Masaniello a togliere le gabelle e a fare molte altre concessioni al popolo.

Signoria Illustrissima

Così il giovane pescatore diventa una persona molto potente, in grado di° poter fare leggi, parlare ai nobili, senza paura di essere arrestato. È investito del titolo di *Signoria Illustrissima* e sua moglie è chiamata la *Regina del Popolo*. Ma tutto questo dura° poco. I nobili, che non possono tollerare di perdere i loro privilegi, si preparano a resistere alla rivolta e ad eliminare il suo capo. Inoltre la mente di Masaniello comincia a dare segni di pazzia°. Si pensa che fosse drogato con un potente allucinogeno, la Roserpina, usato molto dagli Spagnoli. Il 16 luglio Masaniello, mentre pronuncia in piazza Mercato un discorso° sui risultati ottenuti sotto il suo governo, comincia a delirare ed è portato nel convento della Chiesa del Carmine. Qui è ucciso dai suoi nemici. La sua testa è staccata° dal corpo e portata al Vicerè, mentre il corpo è gettato nelle fogne°. Poi, per timore di tumulti, il suo corpo è ricomposto e sepolto nella Chiesa del Carmine. Dopo circa un secolo, il re di Napoli, Ferdinando IV, ordina la rimozione° del corpo dalla chiesa per timore che il mito di Masaniello possa rinascere.

aumentato *increased*
gabelle *taxes/duty taxes*
generi alimentari *groceries*
macinato *grinding*

cottura *cooking, baking*

talvolta *sometimes*

di nascosto *secretly*

bastonato *beaten*

rivolta *insurrection*

vera mente *mastermind*

culmina *reaches its height*

lancio *throwing*

in grado di *able to*

dura *lasts*

pazzia *insanity*

discorso *speech*

staccata *cut off*

fogne *sewers*

rimozione *removal*

Dopo la lettura

A. Rispondi alle domande con frasi complete.

1. Perchè il popolo è contro il governo spagnolo?
2. Che cosa succede quando Masaniello fa il contrabbando di pesce?
3. Chi è il vero autore della rivolta?
4. Che cosa succede il 7 luglio 1647?
5. Qual è il risultato di quella giornata?
6. Quali poteri ha Masaniello dopo la rivolta?
7. Perchè i nobili vogliono uccidere Masaniello?
8. Come muore Masaniello?

B. Attività

1. Perchè il regno di Napoli è governato da un vicerè?
2. Fai una ricerca sulla città di Napoli al tempo di Masaniello.

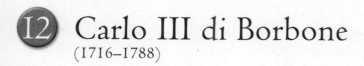

12 Carlo III di Borbone
(1716–1788)

L'Illuminismo

Intorno alla metà del Settecento anche nel nostro Paese si attuano° delle riforme ispirate ai principi dell'Illuminismo. Esse mirano° ad abolire i privilegi dei feudatari e del clero°, a rendere più efficiente l'amministrazione statale e a far progredire l'economia.

Tanti piccoli stati

Un decisivo cambiamento della situazione italiana è ostacolato dalla divisione del territorio. Infatti, nel Settecento° l'Italia è divisa in dieci piccoli stati, dominati per lo più da dinastie straniere. Il più grande stato della penisola è il regno di Napoli di cui nel 1734 è nominato re il diciottenne Carlo III di Borbone, figlio del re di Spagna Filippo V e di Elisabetta Farnese, erede del Granducato di Parma e Piacenza.

Il regno di Napoli

Il regno di Napoli è un paese agricolo, con molti feudi, poche industrie e un commercio quasi inesistente. Ha una grande capitale, Napoli, che rimane per tutto il Settecento la città più popolata d'Italia. Infatti, nel 1742 ha 315.000 abitanti, pari ad oltre il 10 per cento della popolazione del Sud Italia, ma la sua attività commerciale ed industriale è limitata rispetto alla sua grandezza°. Napoli è il luogo dove dimora la classe dirigente del regno, intorno a cui ruota una popolazione di mercanti, di servitori e di disoccupati. Qui sono concentrate l'amministrazione e la vita giudiziaria ed intellettuale del regno. Qui risiedono i principali tribunali e l'Università degli Studi. La borghesia, oltre che da mercanti, è composta da avvocati, magistrati, funzionari, persone che hanno una grande influenza nella vita politica e amministrativa del regno.

Le riforme

Con l'aiuto del ministro Bernardo Tanucci, professore di diritto pubblico all'università di Pisa, uomo onesto e di larghe vedute°, Carlo III di Borbone svolge la sua azione riformatrice su quasi tutti gli aspetti della vita pubblica. Egli, infatti, migliora il sistema giudiziario, limita i privilegi dei feudatari e della Chiesa e favorisce il commercio con l'estero. In particolare, obbliga i feudatari a pagare la tassa di successione° e vieta loro di tassare o opprimere i sudditi. Ai Comuni condona i debiti°, dà ai coloni° libertà di vendere i prodotti della terra e proibisce il taglio dei boschi. Inoltre vieta al clero di aumentare il numero delle chiese o dei conventi; regola i diritti d'asilo dei conventi e i poteri del foro ecclesiastico. Per riattivare il commercio favorisce l'ingresso degli ebrei nel regno e approva la costruzione di un porto mercantile a Napoli.

Le città

Carlo si dedica anche all'abbellimento° delle principali città del regno. Fa costruire il palazzo reale di Caserta, la reggia di Capodimonte, il teatro San Carlo a Napoli. Nel 1751, su progetto dell'architetto Ferdinando Fuga, inizia la costruzione del Real Albergo dei Poveri, destinato ad accogliere gli ottomila poveri del regno. Carlo li divide per sesso e per età, dà loro assistenza ed istruzione ed in molti casi procura loro un lavoro. Infine, Carlo comincia gli scavi di Ercolano e Pompei, le due città distrutte dall'eruzione del Vesuvio nel 79 d.C.

In Spagna

Nel 1759, in seguito alla morte del fratellastro°, Carlo è chiamato al trono di Spagna. Lascia, quindi, il regno di Napoli al giovanissimo figlio Ferdinando, di nove anni, sotto la guida di Bernardo Tanucci, che continuerà la sua politica di rinnovamento interno.

A Carlo III di Borbone va il merito di aver cercato di governare da sovrano illuminato combattendo i soprusi° di coloro che si opponevano ad ogni tentativo di riforma.

si attuano *are put into effect*

mirano *aim*

clero *clergy*

Settecento *the 18th century*

rispetto alla sua grandezza *compared with its size*

larghe vedute *open-minded*

tassa di successione *inheritance tax*

condona i debiti *forgives the debts*

coloni *farmers*

abbellimento *embellishment*

fratellastro *half-brother*

soprusi *abuses*

Dopo la lettura

A. Rispondi alle domande con frasi complete.
1. Che cosa si spera di ottenere con le riforme?
2. Perchè è difficile attuare delle riforme in Italia?
3. Qual è la città più importante del Sud Italia?
4. Quali classi sociali sono presenti a Napoli?
5. Chi fa parte della borghesia?
6. Come agisce Carlo nei confronti dei feudatari e della chiesa?
7. Quali sono le opere da lui volute?
8. Perchè Carlo è costretto a lasciare Napoli?
9. Chi è il suo successore?

Ripasso 3

Nel XV secolo a Firenze la famiglia de' Medici prende il potere e dà inizio alla *Signoria*, al governo, cioè, di un solo *Signore* (o anche di una sola famiglia).

Nel 1470 Lorenzo de' Medici, detto il Magnifico, assume il governo della città. Egli si mostra un uomo saggio ed esperto di politica, di cultura e d'arte. Nei confronti degli altri stati italiani ed esteri si pone come «ago della bilancia», riuscendo a placare i dissidi tra i vari governi. Cultore° d'arte, ospita presso la sua corte artisti al livello di Sandro Botticelli e filosofi come Marsilio Ficino e Leon Battista Alberti.

Quasi coetaneo del Magnifico è il genovese Cristoforo Colombo. Fin da giovane si dedica allo studio della geografia e delle carte nautiche, convincendosi sempre più che la terra è rotonda e non piatta. Progetta, quindi, un viaggio verso l'Oriente attraverso l'Oceano Atlantico. Dopo molti anni di richieste, finalmente nel 1492 i sovrani di Spagna accettano di finanziare la spedizione. Con tre caravelle Colombo parte da Palos, in Spagna, il tre agosto e raggiunge l'isola di San Salvador il dodici ottobre, convinto di essere nelle Indie Orientali. Colombo ritorna altre volte nel nuovo mondo, senza mai capire di aver scoperto un nuovo continente. Presto l'invidia di molti lo costringe ad abbandonare i suoi viaggi ed a vivere in povere condizioni finanziarie. Nel 1506 muore circondato solo dai suoi familiari.

Uno dei più grandi scienziati di tutti i tempi è senz'altro Galileo Galilei. Matematico ed astronomo scopre le leggi fisiche attraverso il metodo sperimentale, cioè attraverso l'osservazione diretta dei fenomeni della natura. I suoi studi d'astronomia lo convincono che il sole è al centro del sistema solare, come afferma la teoria copernicana. Accusato d'eresia dall'Inquisizione, è costretto ad abiurare (1633). Nonostante tutto, fino alla sua morte, avvenuta nel 1642, continua i suoi studi sulla dinamica moderna.

Mentre Galilei porta avanti con tenacia i suoi studi, a Napoli un giovane di umili origini, Masaniello, cerca, con la stessa tenacia, di porre fine ai soprusi della nobiltà e del governo spagnolo ai danni della popolazione partenopea. Così, nel giugno del 1647, egli guida la rivolta e costringe il Vicerè ad eliminare le tasse e a fare concessioni al popolo.

Ma l'avventura di Masaniello dura poco. Il giovane, che ha nemici sia tra i suoi compagni di rivolta che tra i nobili, è ucciso il 16 luglio 1647 in piazza Mercato.

A metà Settecento le condizioni del Sud non sono ancora cambiate rispetto al periodo di Masaniello. Il regno di Napoli si presenta ancora diviso in feudi e in condizioni poverissime. Napoli, la città più popolata del regno, ha un'attività commerciale ed industriale ridotta. A Napoli sono rappresentate tutte le classi sociali, dai nobili ai servitori, dai borghesi ai disoccupati.

Salito al trono nel 1734, Carlo III di Borbone, insieme con il suo primo ministro, Bernardo Tanucci, attua una politica di riforme in tutti i settori della vita pubblica, dal sistema giudiziario a quello feudale ed ecclesiastico, dal commercio estero a quello interno. Sotto il suo regno, le città risplendono per la loro bellezza e per la loro arte. Nel 1759, chiamato in Spagna a sostituire il fratellastro morto, Carlo lascia il regno di Napoli nelle mani del suo abile primo ministro.

cultore *enthusiast*

Dopo la lettura

A. Completa le frasi in modo appropriato.

1. Nel 1470 Lorenzo de' Medici diventa _____.

2. Lorenzo il Magnifico agisce da _____ tra i vari stati.

3. Cristoforo Colombo pensa che la terra sia _____.

4. Colombo vuole le navi per raggiungere le _____.

5. Nel 1492 Colombo scopre _____.

6. Le teorie di Galileo pongono ———————— al centro del sistema solare.

7. L'Inquisizione costringe lo scienziato ————————.

8. Nel 1647, a Napoli, Masaniello organizza una rivolta ————————.

9. La rivolta fallisce e Masaniello viene ucciso dai nobili e ————————.

10. Quando Carlo III di Borbone sale al trono, il regno di Napoli si trova ancora ————————.

11. Il piano di riforme di Carlo III riguarda ————————.

Cruciverba 8

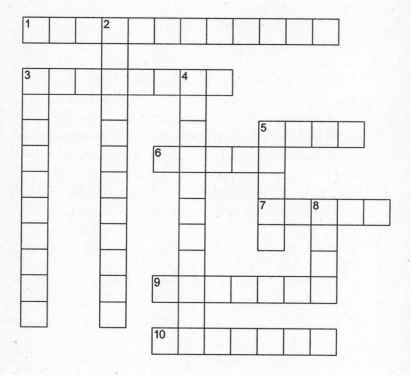

Orizzonali

1. Il mestiere di Masaniello
3. La instaura a Firenze la famiglia de' Medici
5. La città di Galileo Galilei
6. Volevano uccidere Lorenzo e Giuliano de' Medici
7. Gabella
9. Le fa Carlo III di Borbone
10. Gli è contro Masaniello

Verticali

2. È perfezionato da Galileo
3. Il secolo dell'Illuminismo
4. È chiamato Lorenzo de'Medici
5. Una caravella
8. È al centro dell'universo

I3 L'unità d'Italia

Nove stati

Le decisioni del Congresso di Vienna (1815) di rimettere sul loro trono
i sovrani detronizzati non fermano la diffusione delle idee di libertà,
uguaglianza e fratellanza della rivoluzione francese. Dei nove stati in cui
è divisa l'Italia, solo uno, il regno di Sardegna, non è sotto il controllo
austriaco. Ma il fervore dell'indipendenza e il desiderio di un'Italia
unita serpeggiano° tra la popolazione, specialmente fra i borghesi e gli
intellettuali che cercano di organizzarsi per cacciare° dall'Italia i sovrani
stranieri, per darle un'unità politica e non solo geografica.

Unificare l'Italia

Nascono, così, le società segrete, come la *Carboneria* e la *Giovane Italia*,
fondata quest'ultima da Giuseppe Mazzini, i cui obiettivi principali
sono l'indipendenza dall'Austria e la formazione di uno stato unico
italiano. Molti sono i moti rivoluzionari durante la prima metà dell'800,
ma nessuno di essi ha successo sia per la mancanza° di partecipazione
popolare, sia per la mancanza di una persona capace di coordinare
pensiero e azione. È così che negli anni '50 i patrioti guardano a
Vittorio Emanuele II, re di Sardegna, e al suo ministro, Camillo
Cavour, come a coloro che possono rendere possibile il loro sogno:
unificare l'Italia. Oltre a Vittorio Emanuele II e a Cavour,
contribuiscono all'unità d'Italia i democratici Giuseppe Mazzini e
Giuseppe Garibaldi, chiamati rispettivamente «la mente» e «l'azione»
del Risorgimento° italiano.

Camillo Cavour

Camillo Benso, conte di Cavour
© M. K. Pelosi

Camillo Benso, conte di Cavour, nasce a Torino nel 1810 da nobile famiglia. In gioventù viaggia molto all'estero studiando lo sviluppo economico di paesi largamente industrializzati, come la Francia e l'Inghilterra, e documentandosi sulle innovazioni apportate da questi paesi in tutti i campi. Una volta al governo, Cavour attua una serie di riforme che modernizzano il Regno Sabaudo. Infatti, fa costruire canali di irrigazione, favorisce la coltura° del riso, del grano e del vino e sviluppa le industrie tessili e quelle dell'acciaio. Oltre 800 chilometri di ferrovie e 1200 chilometri di strade attraversano in lungo e in largo il Piemonte. La rete telegrafica, finora° inesistente, supera nel 1859 i 2000 chilometri. Il porto di Genova è di nuovo° aperto ai commerci, mentre quello di La Spezia diventa un grande porto militare. Con grande sforzo il Piemonte si trasforma così in uno stato moderno e ricco.

Il Tessitore

In politica estera Cavour si mostra un abile diplomatico tessendo° (da qui il soprannome di «Tessitore») una rete di alleanze che gli permetteranno di ottenere gli aiuti richiesti al momento opportuno. Così, nel 1859 entra in guerra contro l'Austria a fianco di Napoleone III, imperatore di Francia. Alla fine della guerra l'Austria cede la Lombardia al Piemonte. Nel marzo 1860 le popolazioni dell'Italia centrale con un plebiscito decidono la loro annessione al regno di Vittorio Emanuele II. Pochi mesi dopo, Giuseppe Garibaldi decide di liberare il Mezzogiorno° dalla dinastia dei Borboni. L'impresa è appoggiata° segretamente da Cavour e da Vittorio Emanuele II.

La spedizione dei *Mille*

Partito da Quarto, presso Genova, il cinque maggio con mille uomini, Garibaldi sbarca a Marsala, in Sicilia, l'11 maggio. In pochi giorni ai Mille si uniscono molti giovani siciliani, soprattutto contadini che vedono in Garibaldi colui che li può liberare dall'oppressione secolare della dinastia dei Borboni. Liberata la Sicilia, Garibaldi guida l'esercito in Calabria da dove, superata ogni resistenza, il 7 settembre entra in Napoli, con l'intenzione di continuare verso il Lazio e conquistare Roma. È, però, bloccato dall'esercito mandato dallo stesso Cavour, che teme l'intervento della Francia a favore del papa e la costituzione di uno stato repubblicano nel Sud. Garibaldi rinuncia, quindi, all'idea di liberare Roma e, dopo aver sconfitto a Teano, vicino a Napoli, l'esercito borbonico, consegna° il Mezzogiorno a Vittorio Emanuele II.

Garibaldi e Vittorio Emanuele a Teano   © *M. K. Pelosi*

I plebisciti

Con due plebisciti, le popolazioni dell'Italia meridionale, quelle delle Marche e quelle dell'Umbria, approvano l'annessione al regno di Sardegna. Nel giro di due anni l'Italia è unificata sotto il Regno Sabaudo.

Torino, Firenze e Roma capitali d'Italia

Logorato° dalla fatica Cavour muore l'11 giugno 1861, pochi mesi dopo l'insediamento° del primo Parlamento a Torino, capitale del Regno d'Italia.

Nel 1865, per evitare conflitti con la Francia, che resta l'unico ostacolo alla conquista dei territori pontifici, il governo si impegna a trasferire la capitale da Torino a Firenze. A completare l'unità d'Italia mancano ancora il Veneto e lo Stato Pontificio. Nel 1866 l'Italia si allea con la Prussia contro l'Austria e riesce° ad ottenere il Veneto. Nel 1870, mentre i Francesi, difensori del Papa, sono impegnati contro la Prussia, l'esercito italiano entra in Roma attraverso la breccia° di Porta Pia. Nel 1871 Roma è proclamata capitale del Regno d'Italia. Nello stesso tempo il governo italiano garantisce al Papa la possibilità di svolgere° la sua funzione di capo della Chiesa e gli assegna come territorio l'attuale Città del Vaticano. È realizzato il principio di Cavour: «Libera Chiesa in libero Stato».

serpeggiano *spread*
cacciare *to dethrone*
mancanza *lack*
Risorgimento *nineteenth-century movement for Italian political unity*
coltura *cultivation*
finora *up to now*
di nuovo *again*
tessendo *weaving*
Mezzogiorno/Italia Meridionale *Southern Italy*
appoggiata *supported*
consegna *hands over*

logorato *worn out*
insediamento *taking over*
riesce *succeeds*
breccia *slit, breach*
svolgere *to carry out*

Dopo la lettura

A. Rispondi alle domande con frasi complete.
1. Quali sono gli obiettivi della classe borghese ed intellettuale italiana?
2. Cosa sono la Carboneria e la Giovane Italia?
3. Chi è Camillo Cavour?
4. Quali riforme effettua?
5. Perchè è chiamato il «Tessitore»?
6. Come conquista il Mezzogiorno Garibaldi?
7. Quali città sono state capitali del Regno d'Italia prima di Roma?
8. Come passa il Veneto all'Italia?
9. Cosa succede nel 1870?
10. Che significa «Libera Chiesa in libero Stato»?

⒁ Realtà diverse

Lo sviluppo del Nord e la paralisi del Sud

Il nuovo stato unitario conta 22 milioni di abitanti, divisi da secoli da molte frontiere°, oltre che da profonde differenze di mentalità, tradizioni, strutture sociali e politiche. Da una parte stanno territori abitati da popolazioni in cui è dominante il ceto medio già abbastanza progredito dal punto di vista economico, come il Piemonte, la Liguria, la Lombardia, parte dell'Emilia e della Toscana in cui si concentrano quasi° tutte le linee ferroviarie già in funzione, un'agricoltura più sviluppata ed un migliore ordinamento° amministrativo. Dall'altra stanno i territori del Centro-Sud e delle isole, in cui domina un'economia basata sul latifondo° che genera povertà. Le condizioni di vita delle campagne sono durissime; frequenti sono le epidemie di colera e di tifo; in molte zone sono molto diffuse la malaria e la pellagra. Le grandi città, come Napoli e Palermo, sono affollate da gente misera in cerca di casa e lavoro. Mancano le risorse per sviluppare l'industria e il commercio e potenziare le vie di comunicazione.

L'analfabetismo° e il lavoro minorile

Un problema comune alle due parti d'Italia è l'anafalbetismo che raggiunge, sebbene in proporzioni diverse, i diciassette milioni di persone. Nelle regioni del Nord gli analfabeti sono circa il 40 per cento degli abitanti; nel Sud e nelle isole essi superano l'80 per cento, di cui le donne sono quasi la totalità. In questi territori meno del 25 per cento dei ragazzi in età scolare frequenta le scuole elementari. Il resto deve lavorare. Infatti le gravi condizioni di miseria in cui si trova la maggior parte della popolazione, urbana e contadina, rendono necessarie anche quelle misere entrate che i fanciulli possono procurare, lavorando anche dieci–quindici ore al giorno. In campagna e in città alcuni lavori, come quello del pastore, dello spazzacamino°, del venditore ambulante, della piccinina (ragazza della sarta e della modista), sono riservati a bambini al di sotto dei dieci anni.

Il problema della lingua

Bisogna anche considerare le differenze linguistiche. La lingua italiana è parlata da poche persone appartenenti alle classi colte o alla burocrazia. Per più del 90 per cento della popolazione l'italiano è una lingua che deve essere imparata a scuola perchè nelle famiglie si parlano solo i dialetti locali. Libri, giornali e leggi sono scritti in italiano, in una lingua, cioè, sconosciuta a gran parte della popolazione.

Altri problemi

Oltre alle leggi, bisogna unificare i sistemi monetari e quelli di misura. Bisogna costruire nuove scuole, ospedali, acquedotti, strade, ferrovie e pagare i debiti di guerra. Per avere il denaro necessario per far fronte a tutti questi problemi non c'è altro sistema che quello di aumentare le tasse. Così sono tassate le merci di consumo come farina, sale, carbone, fiammiferi°, che tutti, ricchi e poveri, devono pagare. L'aumento dei prezzi peggiora le già misere condizioni dei contadini e dei lavoratori urbani. Inoltre il servizio militare obbligatorio° toglie manodopera° alle famiglie già povere. Tutti questi motivi favoriscono la diffusione del brigantaggio°. Bande di briganti incominciano a percorrere° le regioni del centro e del sud seminando° paura e impadronendosi° di tutto quello che trovano. Il governo reagisce violentemente mandando contro di loro l'esercito (1863). Più di 5000 persone sono uccise in combattimenti o a fucilate°; più di 8000 sono arrestate. Il brigantaggio diminuisce, ma le condizioni del Mezzogiorno non migliorano.

frontiere *borders*
quasi *almost*
ordinamento *organization*
latifondo *large estate*

analfabetismo *illiteracy*

spazzacamino *chimney sweep*

fiammiferi *matches*

obbligatorio *compulsory*

manodopera *labor*

brigantaggio *brigandage (primarily, a peasant war directed especially against the agrarian bourgeoisie)*

percorrere *to pass through*

seminando *spreading*

impadronirsi *to take possession of*

sono uccise a fucilate *are shot dead*

Dopo la lettura

A. Rispondi alle domande con frasi complete.

1. Quali sono le differenze tra le regioni del Nord e quelle del Centro e del Sud?
2. Come si vive in campagna?
3. In quale parte d'Italia c'è la maggiore percentuale di analfabetismo?
4. Perchè moltissimi ragazzi del Mezzogiorno non frequentano la scuola?
5. In questo periodo c'è un sistema linguistico unico in Italia?
6. Quali sono i problemi che lo Stato deve affrontare?
7. Perchè lo Stato mette le tasse sulle merci di consumo?
8. Perchè la popolazione è contro il servizio militare obbligatorio?
9. Che cosa fanno i briganti?
10. Che conseguenza ha la reazione del governo?

15 Modernizzazione ed emigrazione

Lo sviluppo industriale

Verso la fine del XIX secolo, la rottura° dei rapporti commerciali con la Francia, paese dal quale è importata la maggior parte delle merci lavorate, e l'istituzione dei dazi° protettivi, che aumentano il costo dei prodotti stranieri, spingono° l'Italia a sviluppare la propria industria nazionale. Per aumentare la produzione di energia elettrica sono costruiti vasti bacini montani. Inoltre l'Italia, pur essendo povera di ferro, riesce a creare notevoli industrie metallurgiche e meccaniche (ILVA, Siderurgica, Acciaierie di Terni, ecc.). A Torino nel 1899 nasce la Fiat (Fabbrica Italiana Automobili Torino), mentre cantieri navali sorgono a Genova, La Spezia, Castellammare di Stabia, Taranto, Venezia.

In Lombardia, in Piemonte e in Campania si sviluppa in modo particolare l'industria del cotone e della seta che vengono esportati anche in Oriente e nell'America latina.

Tra le industrie alimentari sorge a Ferrara l'industria zuccheriera che può produrre fino a 300 mila tonnellate all'anno, evitando, così, le importazioni dall'estero. Tra le industrie chimiche un grande ruolo svolge la Società Montecatini, formatasi a Firenze nel 1888, mentre Carlo Erba, il pioniere della chimica farmaceutica italiana, apre a Milano i suoi maggiori stabilimenti. Sempre a Milano s'inizia la lavorazione della gomma° per opera della Società Pirelli, fondata nel 1872.

Il Mezzogiorno

Come si può notare, l'industrializzazione riguarda soprattutto le regioni del Nord e si concentra nel cosiddetto triangolo industriale, Milano-

Torino-Genova. Il Mezzogiorno conserva, invece, un'arretrata°
economia. La terra è estremamente povera. Anni di trascuratezza°,
metodi antiquati di coltivazione ed avverse condizioni meteorologiche
limitano le parti arabili della terra. Quel che c'è di terreno fertile è
controllato dai latifondisti. I problemi aumentano a causa della guerra
economica tra Italia e Francia che chiude i mercati alle vendite dei
prodotti italiani come grano, olio d'oliva e vino, dando un duro colpo
all'economia della Sicilia e della Puglia. Ad aggravare° la situazione si
aggiungono l'eruzione del Vesuvio nel 1906 e il terremoto di Messina e
Reggio Calabria nel 1908. Il governo Giolitti (1901–1914) cerca di
migliorare le condizioni del Sud realizzando grandi opere pubbliche
come l'acquedotto pugliese; ma la miseria è tale che molti lasciano la
loro patria emigrando in terre lontane, nella speranza di migliorare le
loro condizioni di vita.

L'emigrazione

Tra il 1880 e il 1900 quasi 250 mila persone emigrano ogni anno verso
altri stati europei come Belgio e Germania. Nel primo quindicennio del
Novecento, l'esodo della popolazione agricola, che avviene
principalmente verso i paesi transoceanici, raggiunge gli otto milioni di
individui. Le mete preferite dagli emigranti sono l'America del Nord, il
Brasile e l'Argentina. È gente povera e, nella maggioranza dei casi,
analfabeta, spinta dalla disoccupazione e dalla fame a lasciare le proprie
case, senza alcuna assistenza e protezione da parte dello stato, ma decisa
a rifarsi una vita.

rottura *the breaking off*
dazi *customs duties*
spingono *push*
lavorazione della gomma *production of rubber goods*
arretrata *backward*
trascuratezza *carelessness*
aggravare *to make worse*

Dopo la lettura

A. Rispondi alle domande con frasi complete.
1. Quali sono alcune delle cause dello sviluppo industriale italiano?
2. Quali industrie sorgono?
3. Quali prodotti vengono esportati?
4. Che cosa si produce a Milano?
5. Che cos'è il triangolo industriale?
6. Quali calmità colpiscono il Mezzogiorno?
7. Che cosa fa Giolitti?
8. Quali sono alcune delle cause dell'emigrazione?
9. Chi sono gli emigranti?

Ripasso 4

Uno degli artefici dell'unità d'Italia è Camillo Benso conte di Cavour, ministro del re del Piemonte Vittorio Emanuele II. Cavour, esperto d'economia, attraverso una politica di riforme, riesce a fare del Piemonte uno stato ricco e moderno. In politica estera Cavour si allea con Napoleone III, imperatore di Francia, ottenendo da questi un grande aiuto nella guerra contro l'Austria, che è costretta a cedere al Piemonte la Lombardia (1859). Pochi mesi dopo, gli altri stati dell'Italia del centro decidono l'annessione al Piemonte per mezzo di plebisciti. Nel 1860, con la spedizione dei *Mille*, Giuseppe Garibaldi conquista il regno di Napoli e lo consegna a Vittorio Emanuele II. Nel 1861 è proclamata l'unità d'Italia con Torino capitale del nuovo regno. Pochi mesi dopo Cavour muore. Nel 1866 anche il Veneto è annesso al regno d'Italia. Solo nel 1871 Roma è conquistata e diventa capitale.

All'indomani dell'unità d'Italia, il nuovo stato si presenta diviso in due parti distinte: Nord e Sud. Il Nord industriale e progredito, il Sud latifondista, povero e con un'altissima percentuale di analfabeti. Molti fanciulli sono costretti a lavorare per aiutare le loro povere famiglie. Inoltre, l'aumento delle tasse, che deve servire alla ricostruzione del paese, si ripercuote principalmente su quelle famiglie che già vivono in precarie condizioni economiche e a cui il servizio militare ha tolto braccia forti. Un altro problema che il giovane stato deve affrontare è quello del brigantaggio. Nel 1863 il governo attua una feroce repressione, ma il risultato dell'operazione è modesto.

La fine del XIX secolo vede un discreto sviluppo economico e la nascita di grandi industrie, quali la Fiat, la Montecatini e la Pirelli. Ma ancora una volta non tutte le regioni sono coinvolte in questo processo. Per molti l'unica possibilità per migliorare la propria condizione di vita è emigrare. Così, dal 1880 al 1915, circa otto milioni d'italiani lasciano la propria terra in cerca di un avvenire migliore.

Dopo la lettura

A. Completa le seguenti frasi con parole ed espressioni appropriate.

1. È vero che Cavour governa saggiamente? Sì, infatti _____.

2. È vero che Napoleone aiuta l'Austria? No, _____.

3. È vero che gli stati del centro votano la loro annessione all'Austria? No, _____.

4. È vero che il regno di Napoli è conquistato da Garibaldi? Sì,

_____.

5. È vero che il lavoro minorile è molto diffuso nell'Ottocento? Sì,

_____.

6. È vero che molti giovani non possono aiutare le loro famiglie? Sì, perchè _____.

7. È vero che il brigantaggio è sconfitto nel 1863? No,

_____.

8. È vero che molte industrie sorgono nella seconda metà dell'Ottocento? Sì, infatti _____.

9. È vero che molte persone emigrano? Sì, perchè _____.

Cruciverba 9

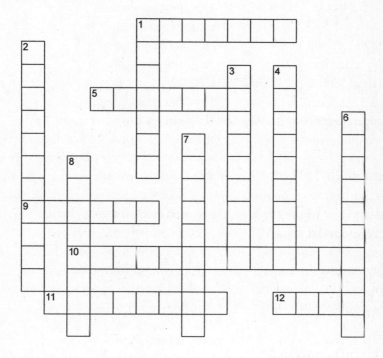

Orrizontali

1. Con 1-Verticali, lo sono la Carboneria e la Giovane Italia
5. Una capitale d'Italia
9. Fa parte del triangolo industriale con Milano e Genova
10. Un problema comune al Nord e al Sud nel XIX secolo
11. Presidente del Consiglio dal 1901 al 1914
12. Fabbrica torinese di automobili

Verticali

1. Vedere 1-Orizzontali
2. Colosso chimico
3. L'appellativo di Cavour
4. L'eroe della spedizione dei Mille
6. È costruito in Puglia dal governo Giolitti
7. Si trasferiscono in molti all'estero in cerca di una vita migliore
8. Una meta europea degli emigranti italiani

16 Il Fascismo

I fasci di combattimento

Dopo la guerra, una grave crisi economica attraversa l'Italia. La disoccupazione raggiunge i due milioni di persone. La svalutazione della lira colpisce° stipendi e salari. Lo stato ha un debito pesantissimo per le spese belliche°. A causa della ridotta produzione agricola vengono a mancare i generi alimentari di prima necessità. I governi liberali non riescono a far fronte alla crisi sociale. Un'epidemia di influenza (la febbre spagnola) tra il 1917 e il 1919 fa più vittime della guerra! Per porre rimedio a tutto ciò, alcuni proprietari di terre e di industrie incominciano a sostenere e finanziare *I fasci di combattimento*, un nuovo movimento politico fondato nel 1919 dall'ex socialista Benito Mussolini.

Mussolini socialista

Nato a Dovia di Predappio, in provincia di Forlì, nel 1883, Benito consegue il diploma di maestro elementare nel 1901. Iscrittosi al Partito socialista italiano mostra interesse per la politica attiva, seguendo l'esempio del padre socialista e anticlericale. Nel 1909 ottiene la direzione dell'*Avanti*, il quotidiano del partito socialista.

Allo scoppio della prima guerra mondiale si dichiara neutrale, poi interventista. Partecipa, quindi, alla prima guerra mondiale in cui è ferito gravemente (febbraio 1917).

Il movimento fascista

Tornato dalla guerra, abbandona definitivamente le ideologie del Partito socialista e propone la realizzazione di una società produttiva, capitalistica, capace di soddisfare le aspirazioni economiche di tutte le classi. Nel 1921 fonda il Partito nazionale fascista, che non ha un programma preciso, ma che agisce soprattutto usando la violenza. La crisi economica del 1922, il disaccordo fra i partiti, la morte del papa Benedetto XV portano alla caduta del governo Bonomi. Mussolini approfitta° del difficile e caotico momento per *marciare* con le sue *camicie nere* su Roma (28 ottobre). Il successo è assicurato anche dal re Vittorio Emanuele III che gli offre l'incarico di formare il nuovo governo.

La dittatura

In pochi anni il Duce (come viene chiamato Mussolini) si libera di tutti gli oppositori, scioglie° i partiti e le organizzazioni sindacali, guida due o più ministeri, sottopone a censura la stampa, abolisce tutti i diritti democratici: instaura° la *dittatura*. Forma al suo fianco una vera e propria organizzazione militare. «Il Partito Nazionale Fascista è una Milizia civile al servizio dello Stato Fascista», dice l'articolo 1 del suo ordinamento.

Le donne

Indossano le uniformi fasciste uomini e donne di ogni età. Ci sono i fasci maschili e i fasci femminili. Le donne pensano che, mettendosi in divisa ed entrando nel clima militaristico dell'epoca, possano accelerare il processo della loro emancipazione sociale. In realtà, le cose per loro non cambiano. La forte disoccupazione maschile rallenta° l'ingresso delle donne nelle fabbriche e, anche quando trovano un lavoro, esse continuano ad essere emarginate per il semplice fatto di appartenere all'altro sesso. Inoltre, per scoraggiare il loro accesso all'istruzione superiore, le donne sono costrette a pagare tasse più alte rispetto a quelle richieste agli uomini. La funzione della donna è limitata essenzialmente a quella di madre di famiglia.

La cultura fascista

Il regime si preoccupa in modo particolare di formare le nuove generazioni alla cultura fascista. La radio e il cinema diventano strumenti indispensabili di propaganda. Nelle scuole è introdotta° una nuova disciplina: quella della cultura fascista. L'Opera nazionale balilla, i Figli della lupa, la Gioventù universitaria fascista sono organizzazioni parascolastiche con cui il fascismo cerca di coinvolgere° i giovani nel progetto politico del regime. È introdotto il calendario fascista che data gli anni a partire dal 1922, «l'anno primo».

La crisi economica

Per far fronte alla crisi economica mondiale il governo fascista cerca di aumentare la produzione interna, in modo da diminuire le importazioni. Il regime lancia due grandi iniziative, propagandate dalla radio, dal cinema e dai giornali: la «battaglia del grano» e la «bonifica integrale» (1928). Con la battaglia del grano si aumenta la produzione agricola, in particolare di cereali, mediante l'introduzione di nuovi macchinari°. La bonifica integrale è finalizzata ad aumentare la superficie coltivabile, mediante la bonifica delle paludi° e la coltivazione dei terreni incolti soprattutto nel Mezzogiorno. Vengono anche costruite città come Pomezia, Littoria, Aprilina, Pontinia. Tutte queste iniziative richiedono molta manodopera e consentono° quindi di ridurre la disoccupazione.

I Patti Lateranensi

Nel 1929 Mussolini, nell'intento di attirarsi le simpatie dei cattolici, firma con la Santa Sede i *Patti Lateranensi*, secondo i quali il pontefice ha la sovranità su un piccolo stato indipendente, denominato Città del Vaticano, e il cattolicesimo diventa religione di Stato. In politica estera, Mussolini, nel 1936, conquista l'Etiopia che, con la Somalia e l'Eritrea, forma l'impero dell'Africa orientale italiana.

Il mito della razza ariana

L'amicizia con la Germania di Hitler è consacrata nel 1936 dall'asse Roma–Berlino. La fredda e brutale determinazione di Hitler, cui si affianca più tardi Mussolini (1940), trascina° l'Europa e il mondo intero in una nuova immane catastrofe che causa decine di milioni di morti, militari e civili, con immense devastazioni, con la rovina ed il profondo dissesto dei sistemi economici e degli assetti istituzionali. Il mito della razza ariana porta i due stati alle persecuzioni contro gli ebrei. Gli ebrei sono espulsi dalle scuole, dalle università e dalle biblioteche, non possono votare, non possono esercitare libere professioni, nè essere impiegati dello Stato, non possono avere donne di servizio, non possono contrarre matrimoni misti. I cittadini, anche coloro che non approvano, tacciono, sotto l'incubo del regime, plagiati dalla retorica e ridotti all'indifferenza, avendo perso ogni speranza in un futuro democratico.

L'amicizia con la Germania: Mussolini e Hitler   © Hulton-Deutsch Collection/CORBIS

Il 1943 segna la fine del regime fascista. Mussolini, dopo aver tentato invano di instaurare una nuova repubblica (Repubblica di Salò), è ucciso dai partigiani il 28 aprile 1945.

colpisce *affects*
belliche *of war*
approfitta *takes advantage*
scioglie *dissolves*
instaura *establishes*
rallenta *slows down*
introdotta *offered*
coinvolgere *to involve*
macchinari *machinery*

la bonifica le paludi *draining the marshes*
consentono *allow*
trascina *drags*

Dopo la lettura

A. Rispondi alle domande con frasi complete.
1. Quali sono i problemi che l'Italia deve affrontare all'indomani della prima guerra mondiale?
2. Perchè le industrie sostengono un nuovo partito?
3. Qual è la posizione iniziale di Mussolini nei confronti della guerra?
4. Qual è la sua nuova ideologia?
5. Quali eventi accadono nel 1922?
6. Qual è la conseguenza immediata della *marcia su Roma*?
7. In che modo Mussolini instaura la dittatura?
8. Perchè le donne vestono l'uniforme fascista?
9. Perchè le donne non raggiungono l'emancipazione?
10. Come vengono coinvolti i giovani?
11. Come cerca Mussolini di far fronte alla crisi economica?
12. Che cosa sono i *Patti Lateranensi*?
13. In che consiste la politica estera di Mussolini?
14. Quali provvedimenti vengono presi contro gli ebrei?
15. Perchè la popolazione non reagisce alla dittatura?

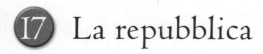 La repubblica

I partiti

Ancora una volta in Italia, come negli altri paesi belligeranti, la guerra ha portato miseria, disoccupazione, distruzione. Al momento della liberazione, l'Italia è sconvolta per i gravissimi danni subiti°; le distruzioni della guerra hanno causato la perdita di circa il 20 per cento dell'intera ricchezza nazionale; la disoccupazione è alta. La fame, il mercato nero e il frenetico aumento dei prezzi rendono lenta e faticosa

1946 «La Repubblica è certa»
© Bettmann/CORBIS

la ricostruzione. Si formano nuovamente i partiti: la Democrazia cristiana, il cui esponente principale è Alcide de Gasperi; il Partito socialista, la cui figura più eminente è quella di Pietro Nenni; il Partito comunista, sotto la guida di Palmiro Togliatti; il Partito d'azione e alcuni altri partiti minori. Il primo governo dell'Italia libera è un governo di coalizione ed è presieduto da Ferruccio Parri del Partito d'azione. A Parri succede un altro governo di coalizione guidato da Alcide de Gasperi, che sarà in carica° fino al 1953.

Fine della monarchia

Il 2 giugno 1946 si tengono le prime elezioni politiche a cui partecipano, per la prima volta, anche le donne. Si vota sia per scegliere tra monarchia e repubblica, sia per eleggere i deputati. La monarchia ha circa 10 milioni di voti, la repubblica ne ha circa 12 milioni. Il nuovo sovrano, Umberto II, succeduto al padre Vittorio Emanuele III nel maggio 1946, abdica e parte per l'esilio.

Le elezioni per l'Assemblea costituente, incaricata di redigere° il testo della nuova costituzione, assegnano la maggioranza dei voti, il 35 per cento, alla Democrazia cristiana, poco più del 20 per cento ai socialisti e il 19 per cento ai comunisti. Tra il luglio 1946 e il dicembre 1947 è preparata la Costituzione che entra in vigore il 1 gennaio 1948. Il primo parlamento della repubblica è eletto il 18 aprile 1948. Il primo presidente è Luigi Einaudi (1948–1955).

La repubblica   © M. K. Pelosi

Finita la guerra, l'Italia si incammina lentamente verso la ricostruzione, che è sia materiale-città, case, impianti industriali e infrastrutture stradali e ferroviare distrutte dai combattimenti e dai bombardamenti aerei—sia istituzionale, dopo venti anni di fascismo. È un lungo e difficile cammino, all'insegna dei principi di uguaglianza e libertà per cui si è tanto combattuto.

subiti *suffered*
in carica *incumbent*
redigere *to draft, draw up*

Dopo la lettura

A. Rispondi alle domande con frasi complete.

1. Quali problemi deve affrontare l'Italia all'indomani della fine della guerra?
2. Quali sono i partiti più importanti?
3. Perchè si vota il 2 giugno 1946?
4. Chi vince le elezioni?
5. Chi è eletto presidente?

18 I governi di centro
(1947–1962)

Il dopoguerra

I primi anni del dopoguerra sono pieni di tensioni sociali, dovute
principalmente alla disoccupazione, all'inflazione e alla scarsità dei beni
di prima necessità°. Nelle fabbriche sorgono conflitti tra operai e datori
di lavoro, mentre nelle campagne i braccianti° occupano le terre. Il
presidente del Consiglio, Alcide de Gasperi, forma dei governi di
centro, basati, cioè, sull'alleanza tra la Democrazia cristiana e i partiti
minori di centro (socialdemocratici, repubblicani e liberali).

Il miracolo economico

I governi di centro favoriscono lo sviluppo delle esportazioni, convinti
che gli alti profitti spingano le imprese° private a nuovi investimenti e,
quindi, aiutino a risolvere il problema della disoccupazione. Nel
tentativo di diminuire la secolare miseria del Sud, nel 1950 il governo
attua una *riforma agraria*, con la quale distribuisce le terre dei latifondi
e crea una classe di piccoli proprietari-contadini. Nello stesso anno è
istituita la *Cassa per gli interventi straordinari nel Mezzogiorno*, per
finanziare la costruzione di opere pubbliche, infrastrutture (strade,
ponti, porti, acquedotti, condotti per l'energia elettrica) e impianti
industriali a capitale pubblico, anche allo scopo di facilitare
l'insediamento° di industrie private.

Questa politica, mentre da un lato consente° un aumento della
produttività con la conseguente crescita dei consumi° tanto da far
parlare di «miracolo economico», dall'altro non risolve tutti i problemi
del paese.

I salari infatti rimangono bassi e aumenta il divario fra le aree
industriali del Nord e quelle agricole del Sud. Inoltre, poichè le
industrie del Nord chiedono manodopera, molte persone lasciano i
poveri paesi del Sud per andare a lavorare nelle affollatissime° città del

Nord. Qui i nuovi arrivati trovano difficoltà e, talvolta, ostilità da parte dei locali che non ne favoriscono l'inserimento°. Mancano asili, scuole, strutture sanitarie e case. La vita non è facile nel Nord per la gente del Sud che deve fare i conti con una nuova realtà sociale per la quale il tempo è soprattutto denaro.

Le politiche° del 1953 segnano non solo la fine dei governi di centro, ma anche l'emergere della nuova generazione democristiana, formatasi nell'ambito dell'Azione cattolica degli anni 1920 e 1930 e sostenitrice° del cattolicesimo sociale. Il gruppo dirigente°, formato da Aldo Moro, Mariano Rumor e Amintore Fanfani, ritiene fondamentale l'intervento dello Stato per la ricostruzione economica del paese. L'elezione a presidente della repubblica di Giovanni Gronchi (1955–1962), democristiano di sinistra, appoggiata anche da socialisti e comunisti, segna una svolta importante nella vita della repubblica in quanto pone le basi per i futuri governi di centro-sinistra.

beni di prima necessità *basic necessities*
braccianti *farm laborers*
imprese *firms*
insediamento *establishment*
consente *makes possible*
consumi *consumer products*
affollatissime *very crowded*
inserimento *integration*
politiche *election of the Congressmen*
sostenitrice *supporter*
gruppo dirigente *management*

Dopo la lettura

A. Rispondi alle domande con frasi complete.
1. Quali sono le cause dei contrasti sociali?
2. Che significa «governo di centro»?
3. Qual è il programma dei governi di centro?
4. Qual è lo scopo della riforma agraria?

5. Perchè è istituita la *Cassa del Mezzogiorno*?
6. Che cos'è il miracolo economico?
7. Perchè fallisce la politica dei governi di centro?
8. Che cosa è importante per la nuova generazione democristiana?
9. Chi sostiene l'elezione di Giovanni Gronchi a presidente della repubblica?

Ripasso 5

I problemi che sorgono all'indomani della prima guerra mondiale appaiono enormi e senza soluzione. La crisi economica fa aumentare il numero dei disoccupati, favorisce ulteriormente la svalutazione della lira, danneggia la produzione. Per queste ragioni alcuni industriali e proprietari terrieri, nella speranza che un nuovo partito possa migliorare le condizioni economiche dell'Italia, appoggiano il Partito nazionale fascista, fondato dall'ex socialista Benito Mussolini.

Il nuovo partito non ha un programma politico, ma si basa esclusivamente sulla violenza come deterrente contro qualsiasi forma di opposizione. Con la *marcia su Roma* del 1922 Mussolini prende il potere e con l'appoggio del re instaura un regime totalitario e di massa, eliminando con la forza tutti gli oppositori e servendosi dei mass media allora a disposizione, come radio, cinema e giornali. In politica interna, per far fronte alla crisi economica, il *Duce* intraprende iniziative come la battaglia del grano e la bonifica totale, con le quali riesce a diminuire le importazioni ed ad aumentare la produzione agricola. In politica estera rinsalda i rapporti con Hitler con l'Asse Roma–Berlino (1936). Le persecuzioni degli ebrei e la lunga guerra in cui trascina l'Italia lasciano un segno indelebile dell'efferatezza di questo regime.

Finita la guerra, si riformano i partiti ed inizia lentamente il processo di ricostruzione. Nel 1946, chiamati a scegliere tra monarchia e repubblica, gli Italiani votano per quest'ultima. Nel 1947 Alcide de Gasperi forma il primo di una lunga serie di governi di centro, guidati dalla Democrazia cristiana e appoggiati da socialdemocratici, repubblicani e liberali.

Negli anni del «boom economico» viene attuata la *riforma agraria* e istituita la *Cassa per il Mezzogiorno* per promuovere la crescita delle regioni del Sud. I governi di centro, pur migliorando le condizioni di vita della popolazione, non riescono a risolvere i numerosi problemi del paese, nè a diminuire il divario Nord–Sud.

Dopo la lettura

A. Completa le seguenti frasi con parole ed espressioni appropriate.

1. È vero che nel dopoguerra l'Italia si trova in gravi difficoltà economiche? Sì, perchè _____.

2. È vero che la borghesia appoggia la nascita di un nuovo partito? Sì, perchè _____.

3. È vero che dopo la *marcia su Roma* Mussolini governa democraticamente? No, perchè _____.

4. È vero che Mussolini si serve molto dei mass media? Sì, infatti, _____.

5. È vero che Mussolini migliora la situazione economica italiana? Sì, infatti, _____.

6. È vero che l'Asse Roma–Berlino si rivela fatale per l'Italia? Sì, infatti, _____.

7. È vero che gli italiani nel 1947 scelgono la monarchia come forma di governo? No, _____.

8. È vero che i governi di centro sono formati dal Partito Socialista e dal Partito Liberale? No, perchè _____.

9. È vero che i governi di centro non riescono ad unificare l'Italia sul piano economico? Sì, infatti, _____.

Cruciverba 10

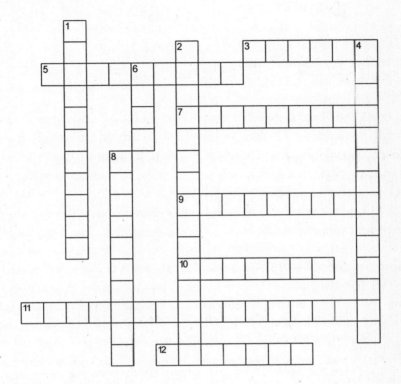

Orizzontali

3. Alleato di Mussolini
5. Succede a Vittorio Emanuele III
7. Il miracolo che fa parlare tanto di sé negli anni '50
9. La instaura Mussolini
10. Primo presidente della repubblica italiana
11. Li firma Mussolini con la Santa Sede
12. Una colonia italiana

Verticali

1. La indossa il fascista
2. Sono in carica dal 1947 al 1962
4. È attuata nel 1950
6. Città della marcia fascista
8. È nata nel 1946

19 Il centro-sinistra
(1962–1976)

Le riforme

La fine dei governi di centro è determinata dalla fine dell'alleanza tra il
Partito comunista e il Partito socialista e dalle richieste di maggiore
giustizia sociale da parte delle classi popolari. In questo periodo, le
associazioni dei lavoratori, i *sindacati*°, acquistano molto potere e
tutelano° gli interessi delle classi lavoratrici.

La Democrazia cristiana si allea con i socialisti, i socialdemocratici e
i repubblicani per formare governi di centro-sinistra. Questi governi
cercano di realizzare una politica di programmazione economica e di
riforme sociali. Nel 1962 il governo Fanfani attua la nazionalizzazione
dell'energia elettrica con la formazione di un unico ente° chiamato
Enel. Nel 1963 è istituita la scuola unica obbligatoria per i ragazzi dagli
undici ai quattordici anni. Nel 1970 nasce lo statuto dei lavoratori, che
sancisce° i diritti dei lavoratori nelle fabbriche. Dello stesso anno è il
decentramento° amministrativo con l'istituzione delle regioni e degli
enti ad esse connessi. Il decentramento favorisce un maggior contatto
fra il potere politico-amministrativo e la popolazione sui problemi della
sanità, dell'assistenza, dell'urbanistica, del lavoro, della formazione
professionale, della cultura. Nel complesso, i governi di centro-sinistra
favoriscono l'attuazione dello *Stato sociale*, cioè di un sistema di
previdenza°, di assistenza sanitaria gratuita e di servizi sociali, diffuso
tra tutti i cittadini, ma la situazione verso la fine degli anni '60 è ancora
difficile. Le grandi città del Nord, sovraffollate, non riescono a far
fronte alle esigenze dei nuovi immigrati. Le riforme non attuate
generano un senso di sfiducia verso il governo ed i partiti.

Il 1968 e l'autunno caldo

La fine degli anni 1960 è caratterizzata da scontri sociali che vedono protagonisti sia gli studenti che la classe operaia. Nel '68 l'azione di giovani studenti (*la contestazione° giovanile*), animati soprattutto dall'ideologia marxista-leninista, ma anche cristiana, è rivolta contro il sistema capitalistico e la cultura borghese in generale. Il movimento studentesco si lega alle masse lavoratrici e, soprattutto all'*operaio massa*, cioè al lavoratore scarsamente qualificato, spesso immigrato, che ancora non è riuscito ad inserirsi nel tessuto sociale del luogo che lo ospita e che sperimenta l'insufficienza dei servizi sociali. Si ha così «l'autunno caldo», un periodo di lotta operaia che usa scioperi e occupazione delle fabbriche come armi contro i «padroni». L'Italia vive dal '68 in poi un periodo di tensioni che porta ad un rifiuto degli ordinamenti sociali e politici esistenti. Si diffondono le idee di *egualitarismo* (la scuola deve essere uguale per tutti e ogni individuo ha diritto allo studio e ad un salario adeguato al suo lavoro), di *antiautoritarismo* (le decisioni devono essere prese da tutti, studenti e operai). A dare una svolta° positiva alle richieste dei lavoratori entrano nel conflitto tra operai ed imprenditori i sindacati, che attraverso una serie di contratti nazionali assicurano il miglioramento dei salari.

La strage di piazza Fontana e la «strategia della tensione»

Le frequenti crisi di governo che si verificano in questi anni rivelano l'incapacità dell'esecutivo° di risolvere i problemi e di far fronte alla minaccia del terrorismo, che sconvolge° la vita della nazione con stragi° e attentati°. Il 12 dicembre 1969 una bomba esplode a Milano, in *piazza Fontana*, nella sede della Banca nazionale dell'agricoltura, provocando diciasette morti e oltre cento feriti. È la cosiddetta «strategia della tensione» attuata dalle forze di destra per incrinare° le basi dello stato democratico e favorire soluzioni autoritarie.

Il ruolo della donna

La contestazione giovanile e le lotte operaie sono il chiaro sintomo di un'Italia che cambia, che rivendica maggiore libertà decisionale in questioni personali e maggiore partecipazione alla vita della nazione. Il successo della legge sul divorzio (1974) mostra chiaramente che il ruolo della donna non può più essere relegato a quello di madre di famiglia e che il peso della Chiesa come ispiratrice della vita privata dell'individuo è fortemente ridimensionato. Nel 1975 viene approvata la *riforma del diritto di famiglia*, che afferma la parità° tra i coniugi°; nel 1978 viene legalizzata l'interruzione volontaria della gravidanza (l'aborto).

sindacati *unions*	**svolta** *turning-point*
tutelano *protect*	**esecutivo** *government*
ente *institution*	**sconvolge** *upsets*
sancisce *it sanctions*	**stragi** *massacres*
decentramento *devolution,*	**attentati** *attacks*
decentralization	**incrinare** *to undermine*
previdenza *social security*	**parità** *equality*
contestazione *antiestablishment*	**coniugi** *husband and wife*
activity	

Dopo la lettura

A. Rispondi alle domande con frasi complete.
1. Che cosa causa la fine dei governi di centro?
2. Come si forma il centro-sinistra?
3. Quali riforme effettuano i governi di centro-sinistra?
4. Qual è l'effetto del decentramento amministrativo?
5. Da che cosa nascono la *contestazione giovanile* e *l'autunno caldo*?
6. Chi fa da mediatore tra le forze lavoratrici e gli imprenditori?
7. Che cosa succede in piazza Fontana?
8. Quali leggi favoriscono l'emancipazione della donna?

20 Il terrorismo

Il monocolore

Gli anni '70 e i primi dell'80 sono noti anche come «anni di piombo», in quanto segnati da attività terroristiche su tutto il territorio nazionale. Tra le maggiori cause del dilagare° del fenomeno terrorista ci sono la crisi economica e l'instabilità governativa, dovuta ai dissensi° fra la Democrazia cristiana e il Partito socialista italiano. Poichè sono ritenute non realizzabili formazioni di governi di centro o di centro-sinistra, l'unica soluzione possibile appare quella di un coinvolgimento° del Partito comunista nella maggioranza. In un momento di grave minaccia alla sicurezza dello Stato, la classe politica unanimamente condanna il terrorismo e dà prova di responsabilità. Si forma, così, un governo *monocolore*° democristiano appoggiato da tutti i partiti, tranne che dal Movimento sociale e dal Partito radicale. Ma il terrorismo è ormai in piena attività.

Il terrorismo nero

Il terrorismo di destra fa ricorso° ad attentati dinamitardi° in luoghi pubblici, che provocano stragi indiscriminate con lo scopo di diffondere il panico nel paese e favorire una svolta autoritaria°. Alla strage di piazza Fontana succedono le bombe di piazza della Loggia a Brescia (1974), quelle sul treno Italicus (1974) e l'attentato alla stazione di Bologna (1980). L'incapacità di reagire del governo, la corruzione politica e la psicosi di un colpo di Stato° da parte della destra, contribuiscono alla nascita del terrorismo di sinistra.

Il terrorismo rosso

I terroristi rossi sono studenti, operai e tecnici provenienti dal movimento studentesco, da gruppi extraparlamentari e dagli stessi

Un commando brigatista rapisce
Aldo Moro   © Bettmann/CORBIS

partiti della sinistra storica. Alla base della loro ideologia c'è il principio della lotta armata° contro il capitalismo e lo stato borghese. Il primo e più pericoloso gruppo è quello delle *Brigate Rosse* (1970) a cui si affiancano° i *Nuclei armati proletari* e *Prima linea* (1975–1976).

La crisi economica, la disoccupazione giovanile e il malcontento° che serpeggia tra la popolazione per le riforme non attuate, permettono alle Brigate Rosse di attuare il loro progetto più ambizioso. Il 16 marzo 1978 un commando° brigatista rapisce Aldo Moro, presidente della Democrazia cristiana e artefice della nuova politica di «solidarietà nazionale°», uccidendo i cinque uomini della sua scorta. Nel corso dei cinquantacinque giorni del sequestro, le Brigate Rosse chiedono la liberazione di tredici prigionieri politici. Il governo Andreotti decide di non trattare con° i terroristi. Il sequestro si conclude il 9 maggio 1978 con il ritrovamento del cadavere di Aldo Moro in via Caetani, a Roma.

Per far fronte alla difficile e pericolosa situazione che vede a rischio la sicurezza dello Stato stesso, il governo nell'80 approva una legge che concede forti sconti di pena a chi collabora (i *pentiti*) alle indagini° sul terrorismo. Questa legge, anche se discutibile sia dal punto di vista morale che giuridico, dà un duro colpo al terrorismo: gli attentati diminuiscono e i principali gruppi clandestini scompaiono.

dilagare *to spread*
dissensi *disagreements*
coinvolgimento *involvement*
governo monocolore *one-party government*
fa ricorso *resorts*

attentati dinamitardi *dynamite attacks*

svolta autoritaria *a swing to authoritarianism*

colpo di stato *coup d'ètat*

lotta armata *armed struggle*

si affiancano *are accompanied by*

malcontento *dissatisfaction*

commando *commando unit*

governo di solidarietà nazionale *government supported by all parties*

trattare con *to deal with*

indagini *investigations*

Dopo la lettura

A. Rispondi alle domande con frasi complete.
1. Che cosa sono «gli anni di piombo»?
2. Tutti i partiti sostengono il governo monocolore?
3. Chi rapisce l'onorevole Aldo Moro?
4. Che differenza c'è tra terrorismo nero e terrorismo rosso?
5. Che cosa decide di fare il governo per impedire la diffusione del terrorismo?

2I Il pentapartito°
(1979–1992)

Bettino Craxi

La novità più importante di questi anni è che la Democrazia cristiana, per la prima volta dopo il '45, cede° la guida del paese ad un altro partito. Nel 1981 il segretario repubblicano, Giovanni Spadolini, diventa il leader di un *pentapartito*, una coalizione di centro-sinistra formata da Dc, Psi, Psdi, Pr e Pl°. Nel 1983 gli succede il leader socialista, Bettino Craxi. In politica estera il governo Craxi si propone di rafforzare il ruolo dell'Italia come potenza internazionale. In politica interna il governo affronta il problema della malavita° organizzata, della spesa pubblica (circa 113 miliardi di deficit nell'87), e, quello già ricordato, del terrorismo.

La criminalità organizzata

La *mafia* e la *camorra*° rappresentano una sfida aperta ai poteri dello Stato. Gli episodi più gravi si verificano nell'82, quando è assassinato il generale Carlo Alberto Dalla Chiesa, inviato a Palermo per combattere la mafia, e nell'84 quando una bomba esplode sul treno Firenze–Bologna. Purtroppo, anche questa volta lo Stato rivela la sua debolezza e mafia e camorra continuano ad operare liberamente, soprattutto nel mercato della droga.

Successi e sconfitte

Fortunatamente, dal punto di vista economico, si registra una ripresa grazie all'aumento delle esportazioni e al rinnovamento delle tecnologie delle varie imprese pubbliche e private. I contrasti all'interno dei partiti della maggioranza° su questioni di grande importanza quali la giustizia, la politica energetica e la crisi mediorientale, e la rivalità tra socialisti e democristiani impediscono l'attuazione di una politica di riforme pur necessaria. Si giunge così alle dimissioni° del governo Craxi. Le nuove elezioni ('87) vedono l'affermarsi di nuovi partiti come i *Verdi* (ambientalisti) e le *Leghe regionali* (presenti in molte regioni del Nord, soprattutto in Lombardia) e la formazione di altri governi di coalizione che rivelano la loro incapacità di gestire situazioni nuove e di impegnarsi nell'attuazione di riforme istituzionali di cui si sente sempre più l'esigenza.

pentapartito *five-party government*
cede *gives, concedes*
Dc, Psi, Psdi, Pr e Pl *Democrazia cristiana, Partito socialista, Partito socialdemocratico, Partito repubblicano e Partito liberale*
malavita *organized crime*
camorra *a group united for dishonest or dishonorable ends*
partiti della maggioranza *majority parties*
dimissioni *resignation*

Dopo la lettura

A. Indica se le seguenti affermazioni sono vere o false.
1. Dopo il 1945 la Democrazia cristiana non governa più.   V   F
2. Bettino Craxi è il primo socialista a guidare un governo di coalizione.   V   F
3. Il governo Craxi si occupa di economia, terrorismo e criminalità.   V   F
4. Una delle vittime della Mafia è stato il generale Dalla Chiesa.   V   F
5. Le dimissioni di Craxi sono in parte dovute ai contrasti tra socialisti e democristiani.   V   F
6. I governi che seguono non riescono a risolvere i problemi del paese.   V   F

22 Il nuovo secolo

Il Pds e la Lega Nord

Agli inizi degli anni '90, in corrispondenza con i mutamenti in corso nell'Unione sovietica e nell'Europa dell'Est, il Partito comunista italiano si trasforma in *Partito democratico della Sinistra* (Pds), mentre sul versante opposto°, si consolidano i movimenti regionali, come la *Lega Nord* (guidata da Umberto Bossi), in polemica contro lo Stato centralizzatore, il fisco° e l'intero sistema dei partiti.

Tangentopoli

Il 25 maggio 1992 un'ampia maggioranza elegge capo dello Stato il democristiano Oscar Luigi Scalfaro, una figura che per il suo rigore morale contribuisce a migliorare l'immagine di una classe politica largamente discreditata.

Di questo periodo è, infatti, *lo scandalo delle tangenti*° ad uomini politici accusati di aver chiesto ed ottenuto soldi per la concessione di appalti° pubblici. L'inchiesta della magistratura rivela il sistema di finanziamento° illegale dei partiti e di autofinanziamento dei politici. Questo scandalo, denominato «Tangentopoli», costringerà i leader del Partito socialista, del Partito repubblicano e del Partito liberale a dimettersi.

Sotto il governo Amato (1993) viene introdotto un nuovo sistema elettorale ed abolito il finanziamento pubblico dei partiti.

Silvio Berlusconi

Silvio Berlusconi, fondatore e proprietario di tre reti televisive private e della squadra di calcio del Milan, industriale impegnato° in molti altri settori, dall'edilizia alla finanza, alla pubblicità, fonda un proprio movimento, *Forza Italia*, che nel marzo 1994, insieme ai partiti di centro destra, *Lega Nord* e *Alleanza nazionale*, ottiene alla Camera° 302 seggi su 475. Nel maggio Berlusconi forma il nuovo governo con ministri esponenti dei partiti alleati, ma è presto costretto a dare le dimissioni a causa di contrasti tra Forza Italia, Alleanza nazionale e Centro cristiano democratico da un lato e la Lega dall'altro.

Intanto, l'economista Romano Prodi forma una coalizione di centro-sinistra (l'*Ulivo*) per contrastare quella di centro-destra guidata da Silvio Berlusconi (*Polo delle libertà*). Nelle elezioni del '96 l'Ulivo ottiene la maggioranza assoluta al Senato e quella relativa alla Camera. Il nuovo governo, presieduto da Prodi, si adopera per ridurre il *deficit* del bilancio dello stato per far ammettere il nostro paese nel sistema della moneta unica europea. Nel '98 l'Italia entra ufficialmente nell'Unione monetaria europea (Ume) e nel gennaio 2002 adotta, insieme agli altri paesi dell'Unione europea (Ue), l'euro.

In seguito a contrasti con *Rifondazione comunista* (ala legata al vecchio Partito comunista), Prodi dà le dimissioni. Viene sostituito dai governi guidati da Massimo D'Alema, (1998) e Giuliano Amato, (2000), che attuano una politica estera mirante a rafforzare la posizione dell'Italia a livello europeo. In politica interna è data maggiore autonomia ai comuni, alle aree metropolitane ed alle province ed è ampliata la potestà legislativa delle regioni nel campo dell'istruzione, dell'industria, della sanità, dei lavori pubblici, dell'agricoltura e del turismo. Il centro-sinistra rimane al potere fino al 2001, quando è di nuovo Silvio Berlusconi a vincere le elezioni e a formare il governo.

Nel 1999 le varie forze politiche manifestano unanime consenso all'elezione di Carlo

Silvio Berlusconi   © *Reuters/CORBIS*

Azeglio Ciampi alla presidenza della repubblica e alla presenza militare italiana nel *Kosovo* contro la Jugoslavia.

Per il suo nuovo governo Berlusconi sceglie Gianfranco Fini, il leader di *Alleanza nazionale*, come vicepresidente del Consiglio e affida ad Umberto Bossi, il leader della *Lega*, il ministero per le Riforme istituzionali. Imputato° in alcuni procedimenti penali, per evitare possibili condanne, Berlusconi fa approvare dal governo una norma° che sospende i processi alle più alte cariche° dello Stato (presidente della Repubblica, presidente della Corte Costituzionale, presidenti delle Camere, presidente del Consiglio) per tutta la durata del loro mandato (giugno 2003).

Nella guerra degli Stati Uniti contro l'Iraq (primavera 2003), Berlusconi si schiera a fianco del presidente George W. Bush insieme al primo ministro britannico Tony Blair. Dopo quattro anni di governo di centro-destra la situazione economica dell'Italia è peggiorata. Il deficit pubblico è aumentato a causa di una non corretta politica economica che ha penalizzato e penalizza tutti i settori dell'economia italiana, soprattutto le esportazioni. Il «made in Italy» sta perdendo colpi, non essendo più competitivo il rapporto qualità-prezzo. Anche la sopravvalutazione dell'euro rispetto al dollaro contribuisce ad accelerare il processo inflazionistico ed ad aumentare il divario tra Nord e Sud.

Giovanni Paolo II

Alle ore 21.37 di sabato 2 aprile 2005 è morto Giovanni Paolo II, al secolo Karol Wojtyla. Primo papa non italiano dopo 455 anni, è stato inoltre il primo Pontefice polacco di tutti i tempi. Il suo pontificato (1978–2005), il terzo più lungo della storia dopo quello di Pio IX e di San Pietro, è stato caratterizzato da una forte azione politica contro il comunismo e l'oppressione politica (è ritenuto uno dei responsabili del crollo dei sistemi del socialismo reale, già controllati dall'ex Unione Sovietica), contro il capitalismo ed il consumismo, considerati causa di diseguaglianze sociali e lesivi° della dignità umana. Sul piano morale, Giovanni Paolo II ha mantenuto la linea tradizionale della Chiesa riguardo a questioni come l'aborto, il celibato dei preti ed il sacerdozio femminile. Attraverso la sua continua presenza tra le genti ha costruito un ponte di relazioni tra nazioni e religioni diverse, nel segno dell'ecumenismo, uno dei punti fermi del suo papato. Ha tanto amato i giovani (*I Papa boys*) ed è stato da loro tanto amato che da tutte le parti del mondo sono accorsi numerosi a San Pietro per dargli l'estremo saluto. Per papa Wojtyla è già iniziato il processo di beatificazione.

Habemus Papam°

Il 19 aprile 2005, durante il secondo giorno del conclave, al quarto scrutinio, il cardinale tedesco Joseph Alois Ratzinger, è stato eletto 263° Papa della Chiesa Cattolica Romana col nome di Benedetto XVI. Uomo di grande cultura, ha pubblicato molti saggi di filosofia e teologia. Nel 1977 è diventato cardinale. Nel 1981 è stato nominato Prefetto della Congregazione per la Dottrina della Fede, l'organismo vaticano che si occupa della promozione della dottrina della cattolica, carica che ha ricoperto fino alla sua elezione a papa.

sul versante opposto *on the other side*

fisco *revenue*

tangenti *kickbacks*

appalti *bids*

finanziamento *financing*

impegnato *running*

Camera *House of Representatives*

imputato *defendant*

norma *law*

più alte cariche *the highest offices*

lesivi *damaging, detrimental*

Habemus Papam *we have the Pope*

Dopo la lettura

A. Rispondi alle domande con frasi complete.

1. Qual è il nuovo nome del Partito comunista italiano?
2. Cosa indica la parola «Tangentopoli»?
3. Chi ha fondato il movimento politico di Forza Italia?
4. Chi governa dopo la caduta del primo governo Berlusconi?
5. In che anno Berlusconi ritorna al potere?
6. Che cos'è l'Ulivo?
7. Chi nomina come vicepresidente Berlusconi?
8. Cosa prevede la norma fatta approvare da Berlusconi?
9. Secondo te, quali sono i vantaggi e gli svantaggi dell'introduzione dell'euro come moneta unica europea?
10. Qual è la posizione di papa Giovanni Paolo II nei confronti dell'ortodossia cattolica?
11. Chi è Benedetto XVI?

Ripasso 6

Verso il 1962 finisce l'epoca dei governi di centro. La Democrazia cristiana si allea con i partiti di sinistra, tranne che con il Partito comunista, formando governi di centro-sinistra. Tra le riforme effettuate da questi governi c'è quella della scuola media unica obbligatoria, il decentramento amministrativo con l'istituzione delle regioni, il sistema delle pensioni e dell'assistenza sanitaria gratuita. Nonostante questi provvedimenti, continuano ad esistere squilibri notevoli tra Nord e Sud.

Tra la fine degli anni '60 e l'inizio degli '80 si assiste alla nascita, sviluppo e sostanziale sconfitta del *terrorismo politico*: studenti ed operai, riuniti in un primo tempo in bande legate agli ambienti fascisti, poi in gruppi vicini all'ideologia marxista-leninista, compiono stragi ed attentati. Gli studenti chiedono il diritto allo studio per tutti, mentre gli operai lottano per l'aumento dei salari e per una maggiore partecipazione alla vita della fabbrica. Nel conflitto tra operai e imprenditori («autunno caldo») entrano i sindacati che riescono ad ottenere contratti migliori.

Nel frattempo vengono approvate le leggi sul *divorzio* e sull'*aborto* e la riforma del *diritto di famiglia*.

Fallite le soluzioni di governo di centro-sinistra, si formano governi *monocolore*, formati, cioè, dalla Democrazia cristiana con l'appoggio degli altri partiti, esclusi il Movimento sociale ed il Partito radicale. Purtroppo questi governi non sono in grado nè di far fronte alla crisi economica, alla disoccupazione giovanile e alla richiesta di riforme della popolazione, nè di combattere il terrorismo. Così, le stragi compiute ora dai fascisti, ora dalle *Brigate Rosse*, ora da *Prima Linea*, creano tensione e panico tra la popolazione. Il rapimento e l'assassinio di Aldo Moro, presidente della Democrazia cristiana, e l'uccisione della sua scorta segnano una brutta pagina nella storia del nostro paese e mettono a rischio la sicurezza dello Stato. La legge sull'abbreviazione della pena ai *pentiti* (chi collabora con le indagini) e il potenziamento delle forze dell'ordine portano alla sconfitta quasi totale del terrorismo.

Nel 1981 la Democrazia cristiana cede la leadership del paese. Prima Giovanni Spadolini, poi Bettino Craxi guidano un pentapartito, una coalizione di centro-sinistra formata da cinque partiti. Se dal punto di vista economico la situazione migliora, i contrasti all'interno dei partiti della coalizione sui gravi problemi da risolvere e la rivalità tra Democrazia cristiana e Partito socialista portano alla caduta del governo Craxi.

Gli anni Novanta vedono la trasformazione del Partito comunista in *Partito democratico della sinistra*, la presenza di movimenti regionali, come la *Lega Nord*, e Tangentopoli, lo scandalo sul finanziamento dei partiti.

Nel 1994 Silvio Berlusconi fonda *Forza Italia*, un partito di destra, con il quale ottiene la maggioranza dei voti nelle elezioni e forma per la prima volta un governo che dura pochi mesi. Dopo alcuni governi di centro-sinistra nel 2001 Berlusconi prende di nuovo il potere guidando una coalizione di destra che non riesce a sviluppare una corretta politica economica e finanziaria. Nel 2003 appoggia il presidente americano Bush nella guerra contro l'Iraq.

Nell'aprile del 2005, dopo 26 anni di pontificato, muore Giovanni Paolo II. Gli succede il cardinale Ratzinger col nome di Benedetto XVI.

Dopo la lettura

A. Indica se le seguenti affermazioni sono vere o false.

1. I governi di centro-sinistra sono formati da Democrazia cristiana e Partito comunista.　V　　F
2. Il centro-sinistra non risolve le differenze tra Nord e Sud.　V　　F
3. Il terrorismo è basato sulla violenza indiscriminata e destabilizzante.　V　　F
4. I sindacati favoriscono la realizzazione dei contratti tra operai e imprenditori.　V　　F
5. Vengono approvate le leggi sul divorzio e sul sistema fiscale.　V　　F
6. Per governo monocolore s'intende il governo di un solo partito.　V　　F
7. La legge sui pentiti contribuisce a far diminuire il terrorismo.　V　　F
8. Craxi lascia la guida del governo a causa del disaccordo tra i partiti.　V　　F
9. La *Lega Nord* si forma negli anni Novanta.　V　　F
10. *Forza Italia* è il partito di Berlusconi.　V　　F

Cruciverba 11

Orizzontali

1. Il nuovo papa
8. Esplode a Milano nel 1969
9. Può essere rosso o nero
11. Prevede l'istituzione delle regioni
12. Era molto amato dai giovani

Verticali

2. È in vigore in Italia dal 1974
3. È favorito dai governi di centro-sinistra
4. Era caldo nel '68
5. È un governo appoggiato da tutti i partiti
6. Il partito di Berlusconi
7. Associazioni di lavoratori
10. Ricco imprenditore milanese, presidente del Consiglio

PARTE TERZA

*S*crittori contemporanei

Sta leggendo un libro affascinante © *Dennis Marsico/CORBIS*

Volevo i pantaloni

di Lara Cardella

La scrittrice: Lara Cardella
🖉 1969–

Lara Cardella was born on November 13, 1969, in Licata, Sicily. She studied at the University of Palermo. In 1989, when she was 18 years old, she published her first book, *Volevo i pantaloni* (*I Wanted Pants*). It was quickly declared a literary success throughout Italy and won the Premio Strega for literature.

Volevo i pantaloni is the biography of a girl who from early childhood always dreamed of wearing pants, a symbol of emancipation and liberty. The girl is poor; she sees that many of the people around her are rich and cannot help but notice the social difference.

The publication of *Volevo i pantaloni* gave rise to many protests about the conditions women face in Sicily.

Today, Cardella lives in Genzano, Rome, with her child.

Annetta non sogna il Principe Azzurro° come le sue compagne. Vuole indossare i pantaloni come gli uomini. Per questo, convinta che anche le monache portano i pantaloni come i frati, decide di scappare di casa e di entrare in convento.

Dopo aver pianto per un po' aprii la finestra, che per fortuna era quasi una porta per la poca distanza da terra, e scappai di casa. Non portai niente con me, perchè dovevo darmi a Dio così com'ero, e poi i pantaloni e la tonaca° me li avrebbero dati loro.

Il viaggio non era molto lungo, ma il sole qui rende faticoso° anche l'ozio. Per arrivare al convento si doveva attraversare la campagna, una campagna così bella che asciuga le lacrime più del sole. Le stagioni, qui da noi, non seguono il corso della natura, tutto è diverso, il tempo si è fermato. Per la strada, fra i campi, c'è l'odore di terra lavorata con le mani e gli alberi vengono su con concime° e sudore. Tutto qui ha il sapore del sudore: vedi i cavalli e non sono mai arzilli° e svegli, hanno addosso la stanchezza del lavoro. Le bestie sono come gli uomini e gli uomini sono come le bestie.

Giunsi al convento stanchissima, dopo aver camminato per più di mezz'ora sotto il sole e con le lacrime. I capelli lunghi bagnati dal sudore e la stanchezza che era penetrata fin nelle ossa e quel portone immenso, annebbiato° dalle lacrime e la forza, oh sì, la forza di sentirmi un'eroina, una specie di martire, votata al sacrificio. E la martire che bussa una, due, tre volte...

Si affaccia° da un balcone una monaca°. Dopo aver cercato con lo sguardo, non avendo visto nessuno, rientra.

Ero seduta sul gradino e mi facevo vento° con l'orlo della lunga gonna e mi bagnavo le labbra con la saliva, mentre la mia bocca sembrava una bolgia infernale°. Avevo visto la monaca e avevo sporto° il muso all'insù, ma lei non mi aveva notato e io non avevo parlato, perchè non sapevo cosa dire.

Dopo qualche minuto, però, udii alle mie spalle rumore di catenacci°, una, due, tre mandate, e ancora catenacci e catenacci e tintinnare° di chiavi. Io rimasi immobile nell'angolino di quel gradino e mi facevo piccola, il più piccola possibile.

Poi un viso bianco come il latte si affacciò dal portone, si guardò attorno e mi vide.

© M. K. Pelosi

—Che ci fai tu, qua?

—Ia... vuliva diri°... Io mi voglio fare monaca.

—Ma chi sei?

—Sono Annetta... Anna e voglio farmi monaca.

—Questo l'ho capito, ma i tuoi genitori dove stanno?

—Io... io non ne ho, sono orfanella e vivo da sola,—e scoppiai a piangere°, pensando a mio padre che mi voleva picchiare e avrei voluto essere orfana davvero.

La monaca mi guardò in un modo strano, poi sorrise e mi fece entrare.

—Bene, orfanella, mi dici qualcosa di te?

—Cchini? Cchi vò sapiri?°

—Ad esempio, quanti anni hai, come sei vissuta fino a ora, se vai a scuola...

—Ho tredici anni e non ci vado a scuola, perchè non ho i soldi... Prima, vivevo con mia zia Concetta, ma poi lei mi ha detto che me ne dovevo andare, perchè non sapeva più che darmi da mangiare...

—Scusa un attimo, ma non hai detto che vivi da sola?

—Ah, sì... Cioè, ora vivo da sola... E siccome non ho niente da mettermi... Mi dà un bicchiere d'acqua?

—Certo, aspetta un attimo,—e uscì.

E io rimasi lì, su quel divano sdruscito°, a pensare a cosa inventare, e intanto mi guardavo attorno: un quadretto ricamato° con l'immagine della Madonna, un crocifisso enorme che occupava mezza parete, due sedie, un tavolino, un vaso con dei garofani rossi, un grande baule° e il divano sul quale ero seduta.

Ritornò la monaca e mi diede l'acqua freschissima, poi ricominciò con le domande.

—E ora dimmi perchè vuoi diventare suora.

—Io... voglio stare sempre con Dio.

—Ho capito, ma perchè proprio qui?

—Perchè sì... A casa mia, mio padre... volevo dire mio zio, dice che non posso portare i pantaloni...

—I pantaloni? E che c'entrano i pantaloni?—La monaca era visibilmente divertita.

—Ma voi, sotto la tonaca, non li portate i pantaloni? Io ho visto che padre Domenico ce li ha i pantaloni, sotto la tonaca...

—Ma lui è un uomo... No, Annetta, noi non li portiamo i pantaloni, credimi,—e cercava di trattenersi dal ridere e di non guardarmi. Dovevo essere proprio patetica.

—Ma allora, una si deve fare prete per portarli?

—Non è necessario essere un prete... basta essere un uomo...

Me ne andai tristissima, accompagnata dall'ilarità di quella monaca, ma con una nuova idea per la testa: «Se sulu l'omina ponnu° purtari i pantaluna, allura° ia vogliu essiri ominu»°.

Principe Azzurro *Prince Charming*

tonaca *habit (of a nun)*

faticoso *tiring*

concime *manure*

arzilli *lively*

annebbiato *cloudy*

si affaccia *leans out*

monaca (o suora) *nun*

mi facevo vento *I fanned myself*

bolgia infernale *infernal abyss*

avevo sporto *I had stuck out (from sporgere)*

catenacci *padlocks*

tintinnare *ringing (as a bell)*

la vuliva diri *io volevo dire (Sicilian dialect)*

scoppiai a piangere *I burst into tears*

Cchini? Cchi vò sapiri? *Cosa? Che vuoi sapere? (Sicilian dialect)*

sdruscito *torn*

ricamato *embroidered*

baule *trunk*

Se sulu l'omina ponnu *Se solo gli uomini possono*

purtari i pantaloni, allura *portare i pantaloni allora*

ia vogliu essiri ominu *voglio essere uomo (Sicilian dialect)*

Dopo la lettura

A. Rispondi alle domande con frasi complete.

1. Perchè Annetta non porta niente con sè?
2. Com'è il tempo?
3. Che cosa significa la frase «gli alberi vengono su con concime e sudore»?
4. Quanto tempo impiega per arrivare al convento? In quale stato vi arriva?
5. Chi le apre il portone?
6. Cosa dice Annetta?
7. Perchè Annetta dice che è orfana?
8. Perchè, secondo il racconto di Annetta, la zia Concetta l'ha mandata via?
9. Secondo te, perchè Annetta dice tante bugie alla monaca?
10. Che cosa chiede Annetta alla monaca?
11. Quali mobili ci sono nella stanza del convento?
12. Quali sono le immagini sacre che Annetta nota?
13. Che cosa risponde Annetta alla domanda della monaca «perchè vuoi diventare suora»?
14. Cosa replica la monaca?
15. Perchè Annetta vuole essere un uomo?

Le luci di Roma

di Alberto Moravia

© M. K. Pelosi

Lo scrittore: Alberto Moravia
1907–1990

Alberto Moravia is best known as an Italian novelist, short-story writer, playwright, poet, and essayist. His real name was Alberto Pincherle: he took the name Moravia from his paternal grandmother. He was born on November 28, 1907, in Rome. As a child he suffered from tuberculosis and was therefore educated at home.

At the age of twenty-two he wrote *Gli Indifferenti* (*The Time of Indifference*), which was immediately hailed a success by the literary world. In this writing he criticizes fascism and emphasizes sex as the most significant human activity—not as a means of pleasure, but as a means of dominance over others. He depicts men as great creations while portraying women as shallow and sexually promiscuous.

Because Moravia's works criticized fascism and his dislike of Mussolini was no secret, he was seen as an enemy of the state and was threatened with imprisonment. In July 1943, therefore, he headed south, where he spent nine months living among peasants and shepherds. He was so influenced by life with the peasant classes that he made this the subject of four of his novels.

Eventually abandoning his focus on Marxism, Moravia began to concentrate on intellectual solutions to world problems. In his novel *1934* he emphasizes the dehumanization of man by society and technology: only self-interest exists, while love, friendship, trust, and honesty do not.

In 1941 he married the writer Elsa Morante; together they went to Capri where he wrote his novel *Agostino*.

Moravia always had to be careful when expressing his views on fascism—not only was his family Jewish, but it was against the law to speak out against the dictator Mussolini. But after Mussolini's removal from power in 1943 and Italy voted for a democratic government, the literary works of Moravia had great influence over Italian society. Although some accused him of portraying this society as ugly, his works spoke only the truth. His novels were translated into many languages and several were made into films, among them *Racconti romani, Il conformista, La ciociara, Agostino e la perdita dell'innocenza, Il disprezzo,* and *La noia.*

Moravia died in 1990 from a cerebral hemorrhage. He published more than thirty books during his lifetime. Many of his works have the common theme of fascism because they are a reflection of the world in which he lived. It was Moravia's goal to expose problems by writing about them and by doing so, change the world.

Le luci di Roma is a short story from the book *Nuovi racconti romani.*

I Dopo qualche mese di disoccupazione trovai lavoro nel bar-torrefazione Sabatucci, in via Marsala, presso la stazione. Era un locale grande, con il banco° di zinco per la distribuzione della miscela° speciale Sabatucci, le vetrine con le diverse qualità di caffè e di coloniali e una saletta, in fondo, dove, tra i sacchi di San Domingo e di Portorico, che arrivavano fino al soffitto, i clienti potevano sedersi ad alcuni tavolini. Sabatucci, un uomo tarchiato, dal viso largo e truce°, brusco e di poche parole, badava, insieme a due ragazze, alla vendita; io e un giovanotto biondo mezzo scemo, che si chiamava Iginio, eravamo i baristi e facevamo sempre quegli stessi gesti dalla mattina alla sera: mettere le tazzine in macchina, manovrare i manubri° affinchè il caffè sgocciolasse°, servire le tazzine ai clienti, poi ripulire con lo strofinaccio banco e macchina, sciacquare° le tazzine. Gesti che si imparano subito e dopo i primi giorni uno li fa meccanicamente senza quasi più guardare a quello che fa. Le mani, insomma, lavoravano da una parte e gli occhi da un'altra. Per fortuna il bar-torrefazione Sabatucci non era uno di quei locali per impiegatucci° dove, a ore regolari, ci capita° sempre la stessa gente che beve il suo caffè in silenzio e quindi se ne va. Per via della vicinanza della stazione di cui, attraverso i vetri, potevo vedere il muraglione° rosa, era un vero e proprio porto di mare dove per chi, come me, ha spirito di osservazione, c'era da divertirsi come ad uno spettacolo. Ci capitava gente di tutte le razze, tra un treno e l'altro, tra un autobus e l'altro; ma soprattutto commercianti e sensali° di provincia di passaggio a Roma, tutti tipi rustici di campagna°, burini° insomma, malvestiti e cafoni quanto si vuole, ma con i portafogli imbottiti di bigliettoni°. Per lo più bevevano la miscela Sabatucci in piedi; ma spesso si sedevano in quattro o cinque, incappottati° e coi cappelli calati sugli occhi, ai tavolini della saletta, per discutere in santa pace, per un'ora o due, degli affari loro.

Beninteso io guardavo, ma non dicevo niente; ero barista e il barista, si sa, deve soltanto servire i clienti. Sabatucci me l'aveva raccomandato espressamente: «Niente chiacchiere con i clienti. Se ti parlano rispondi, ma non parlare mai per primo. E soprattutto niente chiacchiere° con le donne.» Per capire quest'ultima raccomandazione, bisogna sapere che quei commercianti burini, ma pieni di soldi, richiamavano sempre nel bar qualche povera ragazza in cerca di compagnia, scalcagnata° e burina anche lei, spinta dalla fame a lasciare le camere ammobiliate del Macao e a battere i marciapiedi° per guadagnarsi il pane. Ma era una raccomandazione superflua perchè quelle donne a me non mi hanno mai detto niente; senza contare che sono timido, anche per via di un difetto di pronunzia che nei giorni normali non si nota, ma nei giorni di scirocco° mi fa addirittura tartagliare°. Così glielo dissi a Sabatucci: «Tartaglio, come vuole che parli alle ragazze?» E lui: «Meglio, così starai zitto.»

banco *counter*
miscela *mixture*
truce *threatening*
manubri *handles*
sgocciolasse *dripped*
sciacquare *rinse*
impiegatucci *low-level employees*
ci capita *goes*
muraglione *high wall*
sensale *middleman*
rustici di campagna *country people*
burini *peasants*
imbottiti di bigliettoni *full of money*
incappottati *with coat*
chiacchiere *chit-chat*
scalcagnata *shabby*
battere i marciapiedi *to prostitute oneself*
scirocco *wind from the Lybian deserts that blows on the northern Mediterranean coast*
tartagliare *to stutter*

Dopo la lettura

A. Rispondi alle domande con frasi complete.

1. Dove lavorava il narratore?
2. Dove si sedevano i clienti?
3. Chi preparava il caffè? Chi vendeva gli altri prodotti?
4. Chi andava in quel bar? Perchè?
5. Chi erano i frequentatori abituali? Che cosa facevano?
6. Perchè Sabatucci non voleva che il narratore parlasse con le donne?
7. Perchè, secondo il narratore, quella era una raccomandazione superflua?

2   Basta, la vita va a fette°; e ogni fetta porta scritto in caratteri dolci di zucchero e di crema il nome di una donna. La fetta della mia vita al bar-torrefazione Sabatucci porta scritto il nome di Drusilla, una ragazza che, per mia disgrazia, capitò un giorno nel bar e ci tornò e non se ne andò se non quando me ne andai anch'io. Drusilla entrò nel bar tutta sola, una sera che nella saletta c'era al solito un gruppo di sensali che bevevano il caffè e discutevano di affari. Andò a sedersi in un tavolino accanto al loro, ordinò il caffè, trasse° dalla borsetta un giornaletto a fumetti° e si sprofondò° nella lettura. Ma vedete un po' quel che vuol dire la presenza di una donna bella. Tutti quei sensali e strozzini°, appena lei si fu seduta, incominciarono a distrarsi e a non essere più quelli che erano stati prima del suo arrivo. Chi, voltandole la schiena, interrompeva il discorso per sbirciarla° al di sopra della spalla; chi avendola di fronte si impappinava° e rimaneva a bocca aperta con gli occhi fissi su di lei; chi si voltava addirittura, sfacciatamente°, per guardarla a tutto suo agio, dalla testa ai piedi.

Drusilla, intanto, contegnosa°, riservata, leggeva il suo giornale; ma le donne gli sguardi bisogna dire che li sentano con la pelle perchè lei, intanto, pian piano, aveva steso la mano sulle ginocchia per mostrarla: una mano bella, grande, bianca e morbida. La guardai anch'io: era bruna, coi capelli ravviati sulle orecchie°, l'occhio senza espressione nero lucido, simile a quello di un animale, il sopracciglio puro, il naso aquilino°, la bocca rossa, il viso pallido e lungo. Alta e ben fatta, mentre passava per il bar, per un momento me l'ero immaginata, per via che teneva il collo eretto, con il concone° dell'acqua sulla testa, assestato° sul cercine°, alla maniera delle contadine. Poi la vidi sorridere rifiutando la sigaretta che uno di quei burini le offriva per attaccar discorso° e notai che ci aveva i denti di una bianchezza selvatica, come ce li hanno soltanto i bambini e le bestie. Quei burini ci rimasero male che lei avesse rifiutato perchè non ci erano abituati con le altre donne che frequentavano il bar: adesso la guardavano con perplessità, come domandandosi se fosse una di quelle o non lo fosse. Alla fine si alzarono e se ne andarono, non senza gettarle un'ultima occhiata, tutti salvo uno, un piccoletto bruno, infagottato° in un paltò° che gli arrivava fino ai piedi, il quale fece un gesto di autorità: andò a sedersi direttamente al tavolo di Drusilla. Lei alzò gli occhi e gli sorrise e io pensai, non senza disappunto: «Tante storie e poi fa come tutte le altre.»

la vita va a fette *life has different phases*
trasse *took out*
un giornaletto a fumetti *comic book*
si sprofondò *concentrated*
strozzini *usurers, loan sharks*
sbirciarla *to get a glimpse of her*
si impappinava *stumbled*
sfacciatamente *brazenly*
contegnosa *serious*
ravviati sulle orecchie *tucked behind the ears*
naso aquilino *aquiline nose*
concone *water vessel*
assestato *well arranged*
cercine *small cushion (for carrying loads on one's head)*
attaccar discorso *to start chatting*
infagottato *bundled up*
paltò *winter coat*

Dopo la lettura

A. Rispondi alle domande con frasi complete.
1. Perchè la vita del narratore al bar Sabatucci porta scritto il nome di Drusilla?
2. Come reagirono le persone che erano nel bar quando videro entrare Drusilla?
3. Com'era Drusilla?
4. Che cosa le offrì uno dei burini?
5. Perchè i burini si meravigliarono dell'atteggiamento di Drusilla?
6. Chi rimase nel bar con la ragazza?
7. Cosa pensò il narratore di lei?

3 Dopo un momento mi sentii chiamare: «Tullio» e accorsi. Il burino parlottava° con Drusilla e mi disse senza guardarmi: «Un caffellatte con le paste». Bisogna sapere che il bar-torrefazione Sabatucci è famoso in tutta la zona per le sue paste: vere paste romane, non di quelle che si mangiano a Via Veneto che ce ne vogliono quattro per fare un boccone; paste enormi, piene di crema e di panna, sfogliatelle napoletane da farci un peccato, babà al rum grandi come tappi di botti. Misi dunque su un vassoio cinque di queste paste fenomenali, ci posi accanto una tazzona° e i due bricchi del caffè° e del latte e portai il tutto. Il commerciante sempre parlava; ma Drusilla subito si avventò° sulla pasta più grande e l'addentò. Così andarono avanti, lui parlando e lei mangiando paste, ci bevve sopra il caffellatte, stette un po' ad ascoltare il commerciante, fece un gesto di diniego°, sorridendo, e quindi attaccò° la quinta pasta. Il commerciante adesso pareva proprio arrabbiato. Mi chiamò, pagò e se ne andò senza salutare Drusilla. Lei lesse ancora per un poco i fumetti e poi se ne andò a sua volta, con aria soddisfatta, lunga ed elegante nella sua camicetta nera e nella sua gonna verde.

© M. K. Pelosi

Rimasi in forse sul significato di quella scena, ma i giorni seguenti la scena si ripetè tale e quale e allora capii. Drusilla faceva sempre la stessa cosa: si sedeva accanto ai burini, uno di loro ci cascava°, lei si faceva offrire le paste e il caffellatte e quindi il burino se ne andava scornato°. Alla fine diventammo amici e anche un po' complici e io le cavavo° dal banco le paste più grosse e più sostanziose, e lei lo capiva e mi ringraziava con il suo sorriso di animale selvatico. Uno di quei giorni che i commercianti non c'erano e Sabatucci era uscito, attaccai discorso in questo modo:

«Oggi niente caffellatte e niente paste, eh.» Lei, serena, rispose: «Purtroppo.» Dissi: «Beh, glielo porto lo stesso il caffellatte.» E lei, pronta: «E chi lo paga?» Risposi: «Mettiamo che glielo offra io.» Lei accettò subito, osservando: «Preferisco che me lo offra lei che un altro.» «E perchè?» «Perchè almeno lei non mi chiederà niente in cambio.» Così cominciò la nostra amicizia, proprio come un'amicizia e nient'altro. Alla fine, una domenica che per me era un giorno di libertà, lei disse che voleva restituirmi il favore invitandomi a colazione a casa sua.

> **parlottava** *was chatting*
> **tazzona** *big cup*
> **bricco di caffè** *coffee pot*
> **si avventò** *grabbed greedily*
> **diniego** *refusal*
> **attaccò** *began eating*
> **ci cascava** *fell into the trap*
> **scornato** *humiliated*
> **cavavo (prendevo)** *took*

Dopo la lettura

A. Rispondi alle domande con frasi complete.

1. Perchè il bar era famoso in città?
2. Come reagì il commerciante all'atteggiamento ingordo e scroccone di Drusilla?
3. Quali erano le azioni abituali di Drusilla dopo che era entrata nel bar?
4. Perchè il burino se ne andava «scornato»?
5. Quando cominciò l'amicizia tra Tullio e Drusilla?

4 Ci andai. Abitava a San Lorenzo, in una casuccia, presso una zia che faceva la cameriera a giornata.° Avevano due stanzette sul terrazzo, presso la fontana per lavarci i panni. L'invito a colazione, poi, era un invito a mangiare con lei la roba di un pacco arrivatole dal paese: una pagnotta casareccia°, qualche salamino, un piccolo formaggio pecorino e un po' di frutta secca. Mangiammo seduti sul lettino di ferro, in quella stanzetta ignuda° in cui non c'era neppure l'armadio e la sua poca roba stava appesa° a chiodi alle pareti. Mentre mangiavamo quella roba fredda e tosta, senza vino, bevendoci sopra l'acqua del lavandino dal bicchiere del dentifricio, lei mi spiegò il suo sistema per vivere a Roma senza lavorare nè battere il marciapiede come tante altre: «Sono una ragazza onesta e chi mi vuole ha da sposarmi. Come faccio? Ecco come faccio: vado in un bar come quello di Sabatucci, mi faccio offrire il caffellatte e poi dico che con me non c'è niente da fare perchè sono fidanzata. Oppure mi faccio fermare per strada da una macchina, salgo, mi faccio portare in trattoria, mangio una pizza, un piatto di spaghetti, quindi invento una scusa e me ne vado dando un appuntamento per il giorno dopo al quale non mi reco°. In generale gli uomini sono gentili e così tiro avanti alla meglio. La mattina mangio la roba dai pacchi che mi mandano da casa.»

Mentre parlava con una serenità proprio da sbalordire°, io mi guardavo intorno e sempre più mi si stringeva il cuore vedendo quella stanzetta nuda e cruda in cui, per giunta, ci faceva anche freddo perchè si era d'inverno e non era riscaldata. Domandai alla fine: «Ma i tuoi, che fanno i tuoi al paese?» «Hanno una trattoria, stanno bene.» «Ma allora non staresti meglio a casa tua, con la famiglia, piuttosto che a Roma a far la morta di fame°?» E lei parlando fitto, sottovoce°, da contadina: «Tu fai presto a parlare così che sei sempre stato a Roma. Ma lo sai che cos'è la vita a Campagnano, lo sai? Qui a Roma ci sono i negozi, i cinema, i caffè, le macchine, le strade piene di gente, le luci, ma a Campagnano non c'è niente. Si va a letto con le galline° e ci si alza con le galline. E alle sei è già buio per le strade. E non si vedono che contadini.» «Ma insomma, che vuoi fare?» «Io voglio stare a Roma; un giorno o l'altro qualche cosa succederà.»

a giornata *by the day*

pagnotta casareccia *homemade bread*

ignuda *bare*

stava appesa *was hanging*

non mi reco *I do not go*

sbalordire *to astonish*

morta di fame *down-and-out*

sottovoce *in an undertone*

si va a letto con le galline *to go to bed very early*

Dopo la lettura

A. Rispondi alle domande con frasi complete.

1. Cosa mangiarono nella stanza di Drusilla?
2. Com'era la stanza?
3. Quale espediente aveva trovato Drusilla per vivere a Roma senza fare la prostituta?
4. Che cosa voleva dire l'autore con «mi si stringeva il cuore»?
5. Che lavoro facevano i genitori di Drusilla?
6. Qual era la differenza tra Roma e Campagnano, secondo Drusilla?

5   Qualcosa successe, infatti, ma non quello che lei si aspettava. Un giorno che lei stava seduta nella saletta attendendo, al solito, il merlo, un tipo di sensale di campagna, cattivo, dalla faccia aguzza° di faina°, vestito con una giacca a vento col bavero° di volpe e i pantaloni infilati negli stivali di vacchetta gialla, le andò difilato° addosso e prendendola per un braccio: «Finalmente ti ritrovo. È così che tu vieni agli appuntamenti. Ora alzati e vieni con me.» Lei resistette, sorridendo; lui, da vero burino, le diede uno strattone° per farla alzare; lei lo respinse; lui le diede uno schiaffo. Al bar, in quel momento, era ora di punta°; e subito una gran folla si accalcò intorno a loro. Lei strillò, allora: «Tullio»; ed io piantai° la macchina ed accorsi. Gli gridai: «Vergogna, con una donna...giù le mani.» «Ma tu chi sei?» «Sono uno che ti dice che sei un disgraziato° e un cafone.» «Guarda come parli o se no... » «O se no? Vediamo, avanti, vediamo che vuoi fare.» Tartagliavo più che mai, l'avevo acchiappato° per il bavero di volpe e stavo per buttarlo sui sacchi di caffè quando intervenne Sabatucci: «Queste cose le fate fuori, non qui nel bar.» Insomma, finimmo tutti quanti al Commissariato dove Drusilla e il sensale se la cavarono con un predicozzo°. Ma io ci rimisi il posto° perchè, come disse Sabatucci, «avevo compromesso il buon nome del locale».

aguzza *pointed*
faina *stone marten*
bavero *lapel*
difilato *straight*
le diede uno strattone *he tugged at her*
ora di punta *peak hour*
piantai *I turned off*
disgraziato *jerk*
acchiappato *grabbed*
predicozzo *scolding*
ci rimisi il posto *I was fired*

Dopo la lettura

A. Rispondi alle domande con frasi complete.
1. Chi entrò un giorno come un pazzo nel bar Sabatucci?
2. Com'era vestito?
3. Verso chi andò? Che cosa fece?
4. Come reagì Drusilla?
5. Cosa fece Tullio?
6. Dove finirono tutti e tre?
7. Quale fu il risultato dell'episodio?

6   La persi di vista°. Qualche volta mi pareva di intravederla nei giardinetti della stazione, ma era sempre una delusione: tante ragazze in quel tempo portavano come lei la camicetta nera e la gonna verde. Intanto avevo trovato un altro posto: secondo autista di un motofurgoncino°, che andava in giro per i paesi del Lazio con il campionario° di una ditta di articoli casalinghi.

Naturalmente, durante uno di quei giri, capitammo° a Campagnano, che sta sulla Flaminia. Non è grande Campagnano; e il nome è tutto un programma; due file di case e di palazzotti neri e, dietro, la campagna verde. Mi ricordai allora di Drusilla e cercai la trattoria. Era uno stanzone° al buio, coi tavoli tagliati con l'accetta°, le pareti scure, le seggiole di paglia°. Ma attraverso la finestra si vedevano i campi con gli ulivi e le vigne.

Sediamo in quell'oscurità, una voce a me ben nota ad un tratto mi fa trasalire: «Chi non muore si rivede.» Era Drusilla, vestita da sguattera°, con un grembiale legato alla cintura. Disse, sorridendo con i suoi bei denti di animale selvatico: «Lo vedi com'è la vita. A Roma tu servivi me; a Campagnano sono io che servo te.»

© M. K. Pelosi

Ci portò quello che c'era: la pasta al sugo, un po' di bieta° e un pollo bufalino duro come un sasso; quindi sedette con noi e mi raccontò la fine della sua storia. Al bar-torrefazione Sabatucci non c'era più tornata dopo la scenata; ma aveva continuato lo stesso a fare la solita vita a base di caffellatte, paste e pizza a scrocco°. Un giorno, però, era capitata con un bruttone, che non aveva bevuto la favola dell'appuntamento per il giorno dopo. Era la sera e lui era filato a più di cento all'ora fuori Roma, sulla Flaminia. Giunti in aperta campagna, le aveva fatto la solita intimazione°, lei si era rifiutata e allora dopo una breve colluttazione°, senza tanti complimenti, lui l'aveva buttata fuori dalla macchina, con tanta grazia che lei era caduta su una siepe° di pruni sgraffignandosi° la faccia e le mani. Quindi se ne era andato lasciandola lì, sulla strada maestra, al buio. Per una combinazione, però, questo era avvenuto a circa dieci chilometri da Campagnano. Lei non ci aveva niente a Roma, la camicetta nera e la gonna verde, che erano tutto il suo guardaroba, ce l'aveva addosso. Così, zoppicando°, succhiandosi gli sgraffi, passo passo, era arrivata fino a Campagnano e c'era restata. Ma ci credereste? A guisa di conclusione mi disse: «Però se trovo l'occasione di tornare a Roma, me ne vado.» «Ma perchè?» E lei : «A Roma se non altro ci sono tante luci quando, la sera, si esce per le strade.»

la persi di vista *I lost sight of her*

motofurgoncino *van*

campionario *sample*

capitammo *we happened to be*

stanzone *big room*

accetta *hatchet*

seggiole di paglia *straw chairs*

sguattera *maid*

bieta *beets*

a scrocco *by scrounging*

intimazione *command*

colluttazione *fight*

siepe *fence*

sgraffignandosi *scratching*

zoppicando *limping*

Dopo la lettura

A. Rispondi alle domande con frasi complete.
1. Com'era vestita di solito Drusilla?
2. Quale era il nuovo lavoro di Tullio?
3. Com'è Campagnano?
4. Descrivi la trattoria dei genitori di Drusilla.
5. Cosa faceva Drusilla nella trattoria?
6. Perchè Drusilla si trovava a Campagnano?
7. Perchè voleva ritornare a Roma?
8. Che cosa rappresentavano «le luci di Roma» per lei?

Sintesi

A. Completa.

Parti 1–2

vicino alla stazione	piacevano	prostitute
Drusilla	guardarla	burini
varie persone	rifiutò	tartagliava
andarono via	imbottiti	sedersi

1. Il narratore lavorava in un bar _____.

2. Il bar era frequentato occasionalmente da _____
   e abitualmente da _____.

3. I burini avevano i portafogli _____.

4. Spesso entravano nel bar anche delle _____.

5. Il narratore non parlava con le prostitute perchè
   _____ e perchè a lui quelle donne non
   _____.

6. Un giorno nel bar entrò _____, una bella
   donna.

7. Subito i sensali e gli strozzini cominciarono a

   _____ .

8. Quando uno dei burini le offrì una sigaretta, Drusilla

   _____ .

9. Allora tutti i burini _____ , tranne uno che andò

   a _____ vicino al tavolo di Drusilla.

Parti 3–4

a spese dei burini	pagò	invitò
senza battere il marciapiede	amici	Roma
a letto con le galline	paste	da casa
si stringeva il cuore	caffellatte	mobili
una trattoria		

1. Mentre il commerciante parlava, Drusilla mangiava le
   _____ e beveva il _____ che
   aveva ordinato al barista.

2. Alla quinta pasta il commerciante arrabbiato
   _____ e se ne andò.

3. Drusilla faceva sempre la stessa cosa: mangiava le paste e
   beveva il caffellatte _____ .

4. Dopo un po' di tempo, Drusilla e Tullio diventarono
   _____ .

5. Un giorno Tullio offrì il caffellatte a Drusilla e lei lo
   _____ a casa sua.

6. La stanza di Drusilla non aveva _____ .

7. Tullio e la sua amica mangiarono la roba che Drusilla aveva
   ricevuto _____ .

8. Drusilla spiegò a Tullio come faceva a vivere
_____.

9. A Tullio _____ a vedere la miseria in cui
viveva Drusilla.

10. I genitori di Drusilla avevano _____ a
Campagnano.

11. Drusilla disse che a Campagnano si andava
_____ e che lei voleva abitare a
_____.

Parti 5–6

uno schiaffo	picchiare	seguirlo	ritornata
licenziato	secondo autista	a scrocco	le luci di Roma
Sabatucci	Tullio	trattoria	il campionario
capitò	al Commissariato	dalla macchina	la sguattera

1. Un giorno un burino entrò nel bar e disse a Drusilla di
_____.

2. Lei rifiutò e lui le diede _____.

3. Drusilla urlò chiedendo aiuto a _____.

4. Tullio intervenne e stava per _____ il burino
quando arrivò _____.

5. Tullio, il burino e Drusilla andarono _____.

6. Alla fine Tullio fu _____.

7. Tullio trovò un nuovo lavoro come _____ di
un furgoncino che portava _____ di un ditta
che vendeva articoli per la casa per i vari paesi.

8. Un giorno Tullio _____ a Campagnano.

9. Andò nella _____ di Drusilla, che faceva _____ .

10. Drusilla raccontò a Tullio che per un po' aveva continuato a mangiare _____ .

11. Poi un giorno un uomo l'aveva buttata fuori _____ a dieci chilometri dal suo paese.

12. Così, lei era _____ a Campagnano.

13. Ma il suo sogno era di tornare a vedere _____ .

B. Indica se queste affermazioni sono vere o false.

1.	Sabatucci era il barista del bar vicino alla stazione.	V	F
2.	Tullio vendeva le paste.	V	F
3.	Il bar era frequentato solo da prostitute.	V	F
4.	I burini erano persone con molti soldi.	V	F
5.	Il narratore aveva un difetto di pronuncia.	V	F
6.	Drusilla era una ragazza di provincia.	V	F
7.	All'inizio Tullio pensava che Drusilla fosse una prostituta.	V	F
8.	Drusilla pagava sempre le paste che mangiava.	V	F
9.	Tullio e Drusilla diventarono amici.	V	F
10.	Drusilla abitava con sua zia.	V	F
11.	I genitori di Drusilla avevano un piccolo ristorante.	V	F
12.	Drusilla voleva ritornare a vivere a Campagnano.	V	F
13.	Un giorno un burino sposò Drusilla.	V	F
14.	Tullio difese l'amica e fu licenziato.	V	F
15.	Tullio trovò un altro lavoro.	V	F
16.	Vendeva articoli per il bagno nei paesi.	V	F
17.	A Campagnano c'era la trattoria di Drusilla.	V	F
18.	Drusilla era contenta di rimanere nel suo paese.	V	F

Vita

di Melania Mazzucco

La scrittrice: Melania Mazzucco
✒ 1966–

M elania Mazzucco was born in Rome in 1966 and studied at the Experimental Center of Cinematography. Her first book, *Il Bacio della Medusa* (*The Kiss of the Jellyfish*), published in 1996, won both the Premio Strega and the Premio Viareggio.

Her most recent work, *Vita* (*Life*), is about two Italian children, Vita and Diamante who emigrated to New York at the beginning of the 1900s. The book draws on the story of Mazzucco's own family who lived in the metropolitan area of New York during the 1900s and witnessed every day the arrival of new immigrants, among whom the Italians were not the best loved. This work, published in 2003, was hailed a great literary success by both the critics and the public.

In addition to books, Mazzucco also writes for the cinema, the theater, the radio, the Italian newspaper, *La Repubblica,* and the Italian magazine, *Io donna*.

I Non avevano la minima idea di dove si trovassero°. Era come essere sulla luna. La città—così sudicia° e pittoresca nei pressi del porto—era diventata più bella. Sparite° le case di legno fatiscenti°, le folle stracciate e gli ambulanti. Sparita la gente bracalona che parlava dialetti vagamente familiari, la miriade di ragazzini che giocavano a biglie negli scoli della fogna°. Ora ai lati della strada c'erano palazzi con facciate di marmo, e i pedoni portavano bombette° e mazzarelli da passeggio di canna di bamboo. Camminavano rasentando i muri°, per passare inosservati. Ma non passavano inosservati sulla Broadway alla Trentaquattresima strada un ragazzino (*Diamante*) con un abito di cotone liso°, un berretto e la federa di un cuscino a righe sulla spalla, e una bambina (*Vita*) scalza° coi capelli neri e un vestito a fiori più lurido° del marciapiede. Ormai si trascinavano°. Avevano i piedi in fiamme, e la città non finiva mai. A tratti si interrompeva—per un po' costeggiavano un prato, o l'ennesima voragine, dove operai stavano costruendo le fondamenta di un palazzo—ma poi ricominciava, più imponente, bella e lussuosa di prima. Erano già le cinque del pomeriggio. Vita incollò il naso alla vetrina di un negozio. In verità non era un negozio. Alto sei piani, lungo trecento metri, immenso, occupava un intero isolato°. Nella vetrina, il manichino di una donna slanciata°, sportiva, ostentava° un braccio nudo: la sua mano impugnava° un attrezzo enigmatico, simile a una racchetta da neve. La donna sorrideva. Era una donna finta, ma tutte le donne qui—anche quelle vere—sembravano finte. Non erano vestite di nero. Non portavano la tovaglia in testa. Nè il corpetto° ricamato nè le sottane. Erano altissime, magrissime, biondissime. Avevano sorrisi radiosi—come la donna del cartellone, al cimitero—denti bianchi, fianchi stretti, piedi grandi. Vita non aveva mai visto donne simili, ed era affascinata. Forse al sole di questa città, anche lei sarebbe diventata così—da grande.

di dove si trovassero *of where they were*

sudicia *dirty*

sparite *disappeared*

fatiscenti *crumbling*

scoli della fogna *drains, sewers*

bombette *top hats*

rasentando i muri *brushing up against the walls*

liso *worn*

scalza *barefoot*

lurido *filthy*

si trascinavano *dragged their feet*

isolato *city block*

slanciata *slender*

ostentava *it showed*

impugnava *it held*

corpetto *corset*

Dopo la lettura

A. Rispondi alle domande con frasi complete.

1. Quale differenza noti tra le due strade?
2. Com'erano vestiti il ragazzo e la bambina?
3. Perchè non potevano passare inosservati sulla Broadway?
4. Come apparve ai ragazzi la città di New York?
5. Che differenza c'era tra le donne del paese di Vita e quelle americane? Cosa sperava di diventare da grande Vita?

2   Dobbiamo andarcene—disse Diamante, tirandola per un lembo del vestito. Ci guardano tutti storto°. Vita sguainò° la lingua in direzione di una signora che, appena scesa da una carrozza, li indicava a un tipo vestito di blu che se ne stava con le mani in mano accanto a un incrocio. Che ce ne importa? rispose Vita, estasiata davanti al manichino°. Chi nun ce po' vede' gli occhi se cava°. Eppure tutti li guardavano come se avessero appena rubato una gallina. E già verso di loro veniva un poliziotto. Il manganello° gli sbatteva contro la coscia. «Hey, kids!» Il poliziotto era giallo di capelli, con la pelle bianca come la carne della sogliola. «Hey, come here!» Diamante e Vita non avevano simpatia per le guardie. Non portavano mai buone notizie. Quando, tutte impennacchiate°, le autorità—fossero guardie, carabinieri, sindaci, politici o borghesi di Minturno—si azzardavano a venire verso il paese, i ragazzini di Tufo li bersagliavano di sassate°. Per dimostrare la loro profonda simpatia. Vita spinse la porta e se lo tirò dietro. Passarono sotto un arco con la scritta MACY'S ed entrarono nel regno della luce.

ci guardano tutti storto *they give us a nasty look*
sguainò *stuck out*
manichino *mannequin*
Chi nun ce po' vede' gli occhi se cava *if they don't like to look at us, they can look elsewhere*
manganello *club, nightstick*
impennacchiate *with plumed hats*
bersagliavano di sassate *used to throw stones*

Dopo la lettura

A. Rispondi alle domande con frasi complete.
1. Perchè tutti guardavano i due ragazzi?
2. Come si comportavano i ragazzi di Tufo quando arrivavano le autorità nel loro paese?
3. Quale fu la reazione di Vita alla vista del poliziotto?

3 Vita non aveva mai visto un luogo simile, nè lo avrebbe visto
negli anni successivi. Non avrebbe più varcato° il confine di
Houston Street. Ma quel pomeriggio rimase indelebile nella sua
memoria—con la vivida immediatezza di un sogno. Fu una visita
rapida, accelerata—tutto durò non più di tre minuti. Non aveva il
tempo di fermarsi da nessuna parte, Diamante la trascinava di qua e di
là, e poi si misero a correre, perchè anche il poliziotto era entrato nel
grande magazzino, aveva portato un fischietto° alle labbra, li inseguiva
e dei commessi biondi larghi come armadi avanzavano minacciosi da
tutte le direzioni. Attraversarono correndo un locale più vasto di una
cattedrale, eppure anche correndo lei non poteva non vedere le piramidi
di cappelli e guanti, le montagne di sciarpe e foulard° colorati, i mucchi
di forcine° e pettini di tartaruga, le calze di seta e di cotone bianco—e
tutto era bello, di una bellezza meravigliosa e accattivante°, e Diamante
correva, Vita inciampava, il poliziotto urlava: «Stop those kids» tutti si
voltavano a guardarli—finchè si infilarono in una stanza con le pareti
trasparenti. Era una trappola, perchè un uomo in divisa, che
piantonava° una bottoniera° d'ottone, premette un pulsante e le porte si
chiusero, imprigionandoli. Eppure quell'uomo non era un poliziotto:
solo un negro ossuto° e lucido di sudore che, impercettibilmente,
sorrise.

> **non avrebbe varcato** *she would not have crossed over*
> **fischietto** *whistle*
> **foulard** *scarves*
> **forcine** *hairpins*
> **accattivante** *fascinating*
> **piantonava** *guarded*
> **bottoniera** *control panel*
> **ossuto** *bony*

Dopo la lettura

A. Rispondi alle domande con frasi complete.

1. Perchè i due ragazzi cominciarono a correre?
2. Che cosa poteva vedere Vita mentre correva?
3. Dove si trovarono all'improvviso Diamante e Vita?

© M. K. Pelcsi

4 Diamante non aveva mai visto un uomo con la pelle così scura: solo nelle recite° per la Presa d'Africa del 1896, che tutti gli anni si replicava a Portanuova—ma in quel caso i soldati dell'esercito di Menelik erano neri perchè truccati° col catrame° e in realtà erano scolari di Minturno, bianchi come lui. Alcuni negri veri li aveva visti nelle vignette degli almanacchi popolari, dove però portavano un osso fra i capelli e scodelle° nelle labbra e non una divisa con i bottoni d'oro. Erano selvaggi e cannibali, mentre quest'uomo elegantissimo e impeccabile pareva importante. A un tratto la stanza con le pareti trasparenti cominciò a muoversi, e schizzò verso l'alto. Diamante s'appoggiò alla parete, spaventato. La stanza volava! Il cannibale scrutò°, impassibile, i suoi scarponcini° impolverati e la federa del cuscino che Diamante teneva sulla spalla. I suoi occhi nerissimi indugiarono sul musetto di Vita, rigato° di polvere. Lei s'aggrappò° a Diamante, perchè nelle storie che le raccontava sua madre l'uomo nero° era un flagello° micidiale, peggiore dei morti viventi e delle streghe janare che rubano i bambini: l'uomo nero ruba le bambine curiose. Ma Diamante non riusciva a farle coraggio, anzi tremava, perchè la stanza volava, vibrava, scricchiolava. Quando le porte della stanza-scatola si aprirono, erano in cima al mondo, e il poliziotto, i commessi, il direttore del magazzino minuscoli, cinque piani più in basso. L'uomo dell'ascensore li spinse fuori e premette il bottone. Mentre le porte si accostavano sul suo viso sconcertante°, l'uomo nero indicò la via d'uscita—davanti a loro. Erano le scale antincendio°.

recite *performances*

truccati *with makeup on*

catrame *tar*

scodelle *bowls*

scrutò *he scrutinized*

scarponcini *boots*

rigato *lined*

s'aggrappò *she clung*

uomo nero *villain in fairy tales (lit. black man)*

flagello *calamity*

sconcertante *disconcerting*

scale antincendio *fire escape*

Dopo la lettura

A. Rispondi alle domande con frasi complete.

1. Perchè Diamante fu colpito dalla presenza di un uomo nero?
2. Perchè Vita si strinse a Diamante?
3. Come reagì Diamante?
4. Perchè Vita aveva paura dell'uomo nero?
5. Secondo te, l'uomo nero aiutò i due ragazzi? Perchè sì? Perchè no?

5 Scendeva il buio quando, attirati dalla vista di un bosco, si inoltrarono° in un parco che somigliava a una campagna. Si sdraiarono sul prato, davanti a un lago. Nel parco non c'era quasi nessuno. Vita si sciacquò i piedi neri nell'acqua dove navigavano altezzose° anatre bianche. Mangiarono l'ultima salsiccia rimasta nella federa e l'ultima manciata° di fichi secchi. Erano immensamente felici e avrebbero voluto che questa giornata non finisse mai. Fu allora che l'italiano li notò.

si inoltrarono *they entered*
altezzose *haughty*
manciata *handful*

Dopo la lettura

A. Rispondi alle domande con frasi complete.
1. Perchè Diamante e Vita entrarono nel parco?
2. Cosa fecero?
3. Chi li vide?

6 Era un ambulante°. Si avvicinava trascinandosi dietro un organetto, che sulle irregolarità del terreno esalava, di tanto in tanto, una nota. Non potete stare qui, piccerelli°, disse, sfoderando un sorriso amichevole. Dopo il tramonto il parco chiude, se vi trovano gli sbirri° vi portano in prigione. Siete appena arrivati? chiese, mettendosi a sedere accanto a loro. Sì, rispose Vita, con orgoglio. Stamattina, col traghetto dall'isola. Abbiamo visto tutta la città. Siete soli? Sì, disse Vita, e azzinnò un'occhiatina° complice a Diamante. Siete fratelli? Sì, disse Diamante. No, disse Vita, mio fratello non lo conosco quasi, Diamante invece abita nello stesso vico mio. L'ambulante si arrotolò del tobacco in un lembo° di giornale e aspirò qualche boccata. Siccome era italiano, e suonava delle canzoni bellissime sul suo organo, non diffidarono di lui. Dopo aver camminato tutto il giorno sulla luna, era bello sentir parlare la lingua di casa. Era bello trovare una guida. Se venite con me, vi faccio vedere un posto per dormire. È lontano? disse Diamante, che non sarebbe mai riuscito a costringere di nuovo i suoi piedi negli scarponcini stretti. No, dietro l'angolo. Lo vedi il Dakota? Indicò lo stupefacente castello tutto torri, pinnacoli, pignoni e torrette, dall'altra parte del lago. È là dietro.

ambulante *peddler*
piccerelli *children*
sbirri *policemen*
azzinnò un'occhiatina *she glanced*
lembo *strip*

Dopo la lettura

A. Rispondi alle domande con frasi complete.
1. Cosa disse l'ambulante ai due ragazzi?
2. Quali domande fece?
3. Che cosa rispose Vita alla domanda se erano fratelli?
4. Perchè i ragazzi si fidarono di lui e lo seguirono?

7 Era lo scheletro di una casa in costruzione. Un asse mancante nella recinzione° del cantiere immetteva° in una specie di cantina. C'era un cartone macchiato che fungeva da materasso e una tavola sospesa su due latte° vuote, che fungeva da tavolo. C'erano mucchi di scatole di conserva arrugginite° e rifiuti. L'ambulante spinse l'organetto contro il muro e li invitò a sdraiarsi sul cartone. Lui s'avvolse° in una coperta stinta, talmente piena di pidocchi° che camminava da sola. Eccitati, gli raccontarono di Tufo e di Minturno, di Dionisia che era stata respinta dagli americani per via degli occhi malati e ora faceva la scrivana°, e dello spaccapietre Antonio, che tutti chiamavano Mantu, e che era l'uomo più sfortunato del paese, perchè due volte aveva traversato l'oceano, era arrivato fino in America e due volte l'avevano respinto, del fratello di Vita che Agnello s'era venuto a prendere nel 1897 e delle due sorelle e dei tre fratelli di Diamante che erano morti di fame. Vita gli mostrò perfino i suoi tesori. Sul piroscafo le avevano regalato un coltello, una forchetta e un cucchiaio d'argento del servizio del ristorante di prima classe. Ma il suo vero tesoro era un altro.

recinzione *fence*
immetteva *it led*
latte *cans*
arrugginite *rusty*
s'avvolse *he wrapped himself*
pidocchi *lice*
scrivana *scribe*

Dopo la lettura

A. Rispondi alle domande con frasi complete.

1. Descrivi il luogo in cui l'ambulante portò Diamante e Vita.
2. Che cosa raccontarono Vita e Diamante all'ambulante?
3. Che cosa aveva ricevuto Vita sul piroscafo?
4. Come giudichi il fatto che Vita ha mostrato i suoi oggetti all'ambulante?

8 Prima di partire, s'era infilata° nelle tasche del vestito una quantità di oggetti magici—per tornare a casa mia, spiegò con una certa condiscendenza°. Una foglia arrugginita di olivo. La chela° di un gambero, una pallina di cacca di capra, gli ossicini di una ranocchia°, lo spino acuminato di un fico d'India°, una scaglia d'intonaco della chiesa (che in tutti questi giorni si era sbriciolata, riducendosi a una polvere fina come talco), una tellina°, il seme succhiato di un limone e un limone intero, coperto di una bianca peluria ammuffita°. L'ambulante ignorò le posate d'argento e prese in mano tutti quegli oggetti disgustosi—mostrando di capirne il valore. Li soppesò°, come fossero diamanti, e la aiutò a rinvoltolarli in un fazzoletto. Era gentile e interessato ai loro discorsi, come gli adulti non sono mai. Gli offrì un bicchiere del suo vino—l'unica cosa che avesse qui dell'Italia. Insistette, perchè non volevano bere. Il vino aveva un vago sapore di medicina. Poi si fece triste e disse in tono malinconico che non sarebbero mai dovuti venire. Questo era un posto bruttissimo, non era vero niente di quello che si raccontava dall'altra parte. L'unica differenza fra l'America e l'Italia erano i soldi: i soldi qui c'erano, ma non erano destinati a loro. Anzi, loro servivano proprio per farli fare a qualcun altro. Dovevano tornare subito in Italia. Lui, se avesse potuto, sarebbe partito anche adesso. Solo che non poteva. A volte è difficile tornare indietro. Dall'altra parte, tutti credevano che fosse diventato ricco. Invece, in dieci anni che era qui, l'organetto era tutto quello che gli restava. Diamante fu così deluso° dal discorso dell'ambulante che non gli rivolse più la parola. Questa città era una meraviglia bellissima, lui già la preferiva a qualunque altra e la fortuna lo stava aspettando. Si tolse la giacca, coprì Vita e disse che adesso, se non gli dispiaceva, volevano dormire. Era stata una lunghissima giornata. Buonanotte, bambini.

s'era infilata *she had put*
condiscendenza *pleasure*
chela *claw*
ranocchia *frog*
lo spino acuminato di un fico d'India *sharp thorn of a prickly pear*
tellina *clam*

ammuffita *moldy*
soppesò *he weighed*
deluso *disappointed*

Dopo la lettura

A. Rispondi alle domande con frasi complete.
1. Perchè Vita aveva portato con sè degli oggetti magici?
2. Come si comportò l'ambulante con i due ragazzi?
3. Che cosa disse l'ambulante dell'America?
4. Perchè Diamante fu deluso dalle parole dell'ambulante?

9   Quando aprì gli occhi, il sole già tramontava. L'ambulante non c'era più. Contro la parete non c'era più l'organetto. Ma non c'erano più neanche i suoi scarponcini, le scarpe di Vita, le posate d'argento, la giacca, la camicia, il berretto con la visiera, le bretelle°. Era sparita anche la federa a righe con tutto il suo bagaglio. E, dalla tasca del vestito di Vita, mancava il ripugnante involto con il limone ammuffito, la foglia di olivo e la chela del gambero. Nemmeno uno degli oggetti magici era rimasto. C'erano solo le sue brache°, gettate in un angolo. Troppo logore° perfino per essere vendute a uno straccivendolo. La tasca interna, che tanto imbarazzo gli era costata davanti alla commissione di Ellis Island, era vuota. Diamante restò quasi un'ora disteso su quel cartone, mordendosi le labbra per non piangere. Non riusciva a credere° che quell'uomo avesse derubato proprio loro. Che gli avevano concesso amicizia e compagnia—gli avevano affidato i loro segreti. Il respiro di Vita gli sfiorava la guancia. La guardava dormire, col viso rivolto verso di lui e un'espressione di beatitudine sulle labbra, e non voleva svegliarla. Non precipitarla nelle fondamenta di questo palazzo, in mezzo ai rifiuti e all'ingiustizia degli uomini.

bretelle *suspenders*
brache *underwear*
logore *worn out*
non riusciva a credere *he could not believe*

Dopo la lettura

A. Rispondi alle domande con frasi complete.
  1. Quali sorprese trovò Diamante al suo risveglio?
  2. Quale fu la sua reazione?
  3. Perchè non voleva svegliare Vita?

10 Il poliziotto dai capelli color ruggine, filacciosi° come le barbe delle pannocchie, li intercettò° mentre vagavano nel parco scalzi e mezzi nudi. Non gli dissero una parola. Del resto non lo capivano, e quello non capiva loro. Sbraitava° nella sua lingua incomprensibile, e quando afferrò° Diamante per un orecchio lo tirò fin quasi a strapparglielo. Non servì a niente. Si trovò davanti due musetti luridi, delusi, impenetrabili. Quattro occhi colmi di rabbia e di tristezza. Li trascinò a spintoni° verso il carro della polizia che sostava all'ingresso di Central Park. Consultò il collega circa il da farsi con questi due vagabondi. L'altro alzò le spalle°. Ce n'erano centinaia di ragazzini così, nelle vie di New York. Quando li prendevano, li portavano negli asili di carità. Se non riuscivano a dimostrare di essere in grado di mantenersi in America, se risultavano vivere a carico del governo municipale—un peso una minaccia e un pericolo per la società—venivano espulsi°. Li rimpatriavano col primo piroscafo. UNINVITED STRANGERS. UNDESIRABLE ALIENS. Il poliziotto costrinse Diamante a salire sul carro. Diamante nascose il viso fra le mani, perchè si vergognava. I passanti non dovevano pensare che era un ladro. Era stato derubato, invece, anche se non sapeva come dirlo. Come far credere che lui e Vita possedessero qualcosa che poteva essere rubato. «Come on, little one», disse il poliziotto rosso di pelo a Vita. Vita non si mosse. Continuava a frugarsi nella tasca, come se l'involto° potesse riapparire, perchè era impossibile che l'ambulante le avesse preso anche quello—pieno di oggetti che per lui non significavano niente e che dovevano invece riportare a casa lei. Ma l'involto non riappariva. «Come on!» ripetè il poliziotto. Gli occhi scurissimi di Vita indugiarono° sulle spalle curve di Diamante. Nude, perchè nemmeno la camicia gli era rimasta. Sulle sue spalle magre il disegno delle ossa ricordava quello delle ali. Allora si chinò, raccolse un bastoncino da una pozzanghera°, e con mano incerta, mentre i due poliziotti la fissavano allibiti°, nella terra del parco scrisse: 18 Prince Street.

filacciosi *frayed*
intercettò *glimpsed*
sbraitava *shouted*
afferrò *grabbed*

spintoni *shoves*
alzò le spalle *shrugged his shoulders*
venivano espulsi *were thrown out*
involto *bundle*
indugiarono *stopped for a while*
pozzanghera *puddle*
allibiti *shocked*

Dopo la lettura

A. Rispondi alle domande con frasi complete.

1. Cosa fece il poliziotto quando li vide nel parco?
2. Che cosa accadeva ai ragazzi che non potevano mantenersi in America?
3. Perchè Diamante non voleva farsi vedere dai passanti?
4. Cosa sperava Vita di trovare nella tasca?
5. Cosa scrisse nella terra Vita? Che cosa era?

Sintesi

A. Completa il racconto.

Parti 1–5

si aprirono	antincendio	finte	forcine
scalza	paese	Macy's	bella
inosservati	parco	lurido	fatiscenti
federa	ascensore	nero	sciarpe

1. La città appariva ai due ragazzi più _____.

2. Le case non erano più _____.

3. Vita era _____ e aveva un vestito
_____.

4. Diamante aveva la _____ di un cuscino sulla testa.

5. I due ragazzi, così vestiti, non potevano passare _____.

6. A Vita tutte le donne sembrano _____ perchè non somigliavano a quelle del suo _____.

7. Per evitare il poliziotto che li chiamava Vita e Diamante entrarono da _____.

8. Mentre correva, trascinata da Diamante, Vita guardava le belle cose che erano sui banchi di Macy's: _____ e foulard, e _____ pettini, e tanti altri articoli.

9. Alla fine della corsa i due ragazzi si trovarono in un _____, manovrato da un uomo _____.

10. L'ascensore salì fino all'ultimo piano, poi si fermò e le porte _____.

11. I due ragazzi scesero per le scale _____ e camminarono fino ad un _____ dove si riposarono.

Parti 6–10

rimanere	raccontò	fratelli	aveva portato
ambulante	canzoni	cantina	Italia
domande	italiano	vino	ricchi
si svegliò	tutte le loro cose	seguirlo	sporca

1. Un _____ li vide e disse che non potevano _____ lì perchè il parco chiudeva.

2. Poi fece loro molte _____ .

3. Vita disse che lei e Diamante non erano _____ ,
   ma vicini di casa.

4. Loro si fidarono di lui perchè era _____ e
   suonava bellissime _____ .

5. L'ambulante li convinse a _____ .

6. Li portò in una _____ di una casa in
   costruzione.

7. La stanza era molto _____ .

8. Vita _____ la loro storia e mostrò
   all'ambulante tutto quello che _____ con sè.

9. L'ambulante offrì loro del _____ e poi disse
   che dovevano tornare in _____ perchè non
   sarebbero diventati mai _____ .

10. La mattina dopo, quando Diamante _____ ,
    l'ambulante e l'organetto non c'erano, ma non c'erano
    nemmeno _____ .

B. **Indica se queste affermazioni sono vere o false.**
   1. Mentre Diamante e Vita camminano la città
      cambia aspetto.   V   F
   2. Tutti i passanti della Broadway notavano i due
      ragazzi perchè erano vestiti in modo diverso dal
      loro.   V   F
   3. Vita e Diamante passarono tutto il giorno seguiti
      da un poliziotto.   V   F
   4. Diamante aveva paura dell'ascensore e Vita
      dell'uomo nero.   V   F

5. I ragazzi passarono la notte nel parco.   V   F
6. L'ambulante li portò a dormire in albergo.   V   F
7. Vita rifiutò di parlare con l'ambulante.   V   F
8. Il mattino dopo i due ragazzi non trovarono più
   la loro roba.   V   F
9. I ragazzi avevano avuto fiducia nell'italiano.   V   F
10. Diamante scrisse l'indirizzo sul terreno del parco.   V   F

Answer Key

The following are possible answers to the questions that follow each reading.

Parte prima

1

A. 1. Italiana. 2. Di Lancaster, Pennsylvania. 3. Il cognome di Antonio.
4. No, con la sua famiglia. 5. Carina e allegra. 6. No, anche
marocchini, albanesi e polacchi. 7. No, è piccola. B. 1. Italiano.
2. Smith. 3. Grande. 4. Americani.

2

A. 1. Il liceo classico. 2. Perchè i professori assegnano molti compiti.
3. I medici. 4. Incontrano Christine e Jennifer. 5. No, a calcetto.
B. 1. Amico. 2. Molto. 3. Ultimo. 4. Buono. 5. Malato. 6. Difficile.

3

A. 1. A Roma. 2. Sette. 3. Ingegnere chimico. 4. Perchè viaggia molto.
5. Italiano e latino. 6. Cucinare, leggere romanzi contemporanei,
andare in piscina. 7. Sono più piccoli. 8. Vanno a lezione di danza.
B. Answers will vary.

4

A. 1. No, è piccola. 2. La madre in una scuola privata e il padre presso
un giornale americano. 3. Per intervistare famosi uomini politici.
4. Nessuno, è figlia unica. 5. Di un po' di tutto. 6. I mezzi pubblici.
7. Il motorino. 8. La giornalista. B. Answers will vary.

5

A. 1. In via Cavour. 2. Rosa e bianco. 3. No. 4. Ha cinque camere da letto. 5. Il calcetto.

Ripasso 1

A. 1. È americana. 2. Vuole diventare pediatra. 3. Tre femmine.
4. Molte lingue. 5. Insegna, legge, va in piscina. 6. Non ha fratelli.
7. Scrive articoli di politica estera. 8. Per parlare di se stessi e dei loro amici. 9. Vi abitano vicino.

Cruciverba 1

Orizzontali: 1. Amico. 7. Giornalista. 9. Roma. 10. Liceo. *Verticali*:
2. Calcio. 3. Medico. 4. Americana. 5. Italiana. 6. Lancaster. 8. Buoni.

6

A. 1. Vero. 2. Vero. 3. Falso. 4. Falso. 5. Vero. 6. Vero. B. 1. Classe.
2. Corto. 3. Impegno. 4. Cortese. 5. Grosso. 6. Severo.

7

A. 1. Answers will vary. 2. Answers will vary.

8

A. Answers will vary. B. 1. Ghiotto. 2. Discreto. 3. Allegro. 4. Altero.
5. Lunatico. 6. Ordinato. 7. Emotivo. 8. Convinto. 9. Equilibrato.

9

A. 1. Perchè sono difficili da usare. 2. A. 3. Da. 4. No, con i suoi amici.
5. A casa. 6. No, è rimasta a casa. B. Answers will vary.

10

A. 1. Abitava a Roma. 2. Andava a piedi con il suo amico Bruno.
3. La madre l'accompagnava in automobile. 4. È andata a New York.
5. Giocava con Alexa e con le altre bambine. 6. Di solito Antonio giocava in cortile con i suoi amici. 7. Andavano a letto verso le undici in estate e verso le nove in inverno.

Ripasso 2
1. Vero. 2. Falso. 3. Falso. 4. Vero. 5. Falso.

Cruciverba 2
Orizzontali: 6. Bidelli. 7. Storto. 8. Sei. 9. Andare. *Verticali*: 1. Luminosa.
2. Tonno. 3. I E E. 4. Belli. 5. Grasso.

11
A. 1. Vero. 2. Falso. 3. Falso. 4. Vero. 5. Falso. 6. Falso. B. 1. Stupido.
2. Noioso. 3. Negligente. 4. Tacere. 5. Perdere. 6. Dare. C. Answers will
vary.

12
A. 1. Dell'esame di maturità. 2. Gli studenti dell'ultimo anno.
3. Italiano. 4. Latino o greco. Matematica. 5. Su un colloquio
interdisciplinare. 6. Nominare il professore esterno e preparare le prime
due prove.

13
A. 1. Vero. 2. Vero. 3. Falso. 4. Vero. 5. Vero. 6. Falso. 7. Vero.

14
A. 1. Vero. 2. Vero. 3. Vero. 4. Vero. 5. Falso. 6. Vero.

15
A. 1. Per spedire un pacco, delle lettere e delle cartoline. 2. Alle tredici.
3. Spedire lettere, telegrammi, soldi, pacchi e prendere la pensione.
4. L'indirizzo del destinatario. 5. Il suo indirizzo. 6. Contiene dei libri e
due CD. 7. Quindici euro. 8. Cinque/sei giorni. 9. Allo sportello n. 1.
10. Settantasette centesimi.

Ripasso 3
A. 1. Falso. 2. Falso. 3. Falso. 4. Vero. 5. Vero.

Cruciverba 3
Orizzontali: 3. Prove. 8. Bianca. 9. Parlare. 10. Circolo Italiano.
11. Esame di maturità. *Verticali:* 1. Dottorato di. 2. Cento. 3. Pacco.
4. Libretto 5. Universitario. 6. Laurea. 7. Ricerca.

16

A. 1. Falso. 2. Falso. 3. Vero. 4. Vero. 5. Falso. 6. Vero. 7. Falso.
B. 1. Magica. 2. Presepio. 3. Luci. 4. Palline. 5. Doni. 6. Dolci.
7. Tombola.

17

A. 1. Febbraio, maggio, giugno, agosto, settembre, ottobre, novembre,
dicembre. 2. Di solito luglio è un mese molto caldo e un marzo un po'
pazzerello. 3. L'inverno. 4. Sì, ma accade molto raramente. 5. Che un
sorriso rallegra la vita più di qualsiasi altra cosa al mondo.

18

A. 1. Pane e Tulipani. Era una commedia. 2. Paestum. 3. Perchè voleva
provare a vivere lontana dalla famiglia. 4. Faceva la fioraia. 5. Per
rintracciarla. 6. Perchè si è innamorato. 7. La protagonista ha deciso di
continuare a vivere a Venezia. 8. La lotta delle donne per
l'emancipazione. La presa di coscienza delle donne che vogliono uscire
dall'unico ruolo ad esse affidato: quelle di madri di famiglia.

19

A. 1. b. 2. c. 3. b. 4. b. 5. a. 6. b. 7. c. 8. b. 9. a.

20

A. 1. Dal Campidoglio. 2. La fortezza della città. 3. Era un imperatore
romano. 4. Piazza Venezia. 5. Per celebrare il cinquantesimo
anniversario dell'unità d'Italia. 6. Perchè sperano di tornare a Roma.
7. Piazza Navona. 8. Tre. 9. Gian Lorenzo Bernini.

Ripasso 4

A. 1. Sono addobbate. 2. Ricorda. 3. Mettono. 4. Un bigliettino d'auguri. 5. Una donna; una vita diversa. 6. Napoli. 7. Napoli Sotterranea.

Cruciverba 4

Orizzontali: 2. Sfogliatella. 4. Cameriere. 7. Rosalba. 9. Monteoliveto. 11. Piazza Navona. 12. Doni. 14. Maschio. 15. Capodanno. 16. Fontana di Trevi. *Verticali:* 1. Pane e. 3. Marco. 5. Aurelio. 6. Bue. 8. Tulipáni. 10. Tufo. 13. Napoli.

Parte seconda

1

A. 1. La Vestale Rea Silvia ed il dio Marte. 2. Un pastore. 3. Sul colle Palatino. 4. Romolo. 5. Perchè a Roma non ci sono donne. 6. La sola comunità formata dagli abitanti del colle Palatino. 7. È una via di comunicazione importante. 8. È situata tra due regioni commerciali molto ricche, è vicina al mare ed ha un fiume navigabile. Perchè il Tevere è inoltre un passaggio obbligato tra il Nord ed il Sud della penisola.

2

A. 1. La *gens Julia*. 2. Per aver dimostrato in Spagna le sue capacità militari e il suo valore. 3. Da Cesare, Pompeo e Crasso. 4. Perchè Pompeo, geloso del successo di Cesare, si allea con il Senato contro di lui. 5. Dà la cittadinanza romana alla Gallia e ad altre province fuori d'Italia; autorizza l'uso della moneta romana a tutte le province; dà le nuove colonie ai veterani; distribuisce le terre da coltivare ai poveri di Roma; riforma il calendario. 6. Una congiura organizzata da una parte del Senato, dalla nobiltà e da Bruto.

3

A. 1. È un periodo di tranquillità che Roma vive, dopo la morte di Cesare, per due secoli. 2. Da *imperium*, comando. 3. Ponti, strade, acquedotti, terme, anfiteatri e monumenti. 4. Perchè apprezzano la cultura greca ed orientale. 5. Ai veterani concede denaro e terre, ai cavalieri di diventare ufficiali, ai nobili delle province la cittadinanza. 6. A spese dello stato. 7. Perchè sono in diminuizione. 8. La nascita di Gesù Cristo.

Ripasso 1

1. Al Tevere. 2. Repubblicana. 3. Riforme. 4. Pace.

Cruciverba 5

Orizzontali: 3. Roma. 5. Mecenate. 7. Bruto. 8. Tevere. 9. Virgilio. 10. Triumvirato. *Verticali:* 1. Marte. 2. Sabine. 3. Rea Silvia. 4. Palatino. 6. Tiberina.

4

A. 1. La distruzione delle vie di comunicazione, la riduzione del commercio e la decadenza delle città. 2. Si ha la ripresa del commercio e la conseguente crescita delle città. 3. Perchè in città c'è possibilità di avere una vita più a dimensione umana. 4. Perchè sono luoghi d'incontro. 5. I ricchi abitano in centro, vicino alla cattedrale; i poveri vicino alle mura. 6. Elementari, superiori, università. 7. In alberghi, taverne, bische, bordelli. 8. Sotto i portici delle case dove abitano. 9. Dalle persone che vi lavorano. 10. Perchè possono usare l'acqua. 11. Dare solidarietà ed assistenza ai membri e alle loro famiglie in caso d'invalidità e di morte.

5

A. 1. Per celebrare qualche avvenimento importante o anche solo per mostrare la propria ricchezza. 2. La forchetta. 3. Perchè stimola l'appetito e facilita l'assimilazione dei cibi pesanti. 4. Le mucche, le pecore e le capre. 5. Perchè, per motivi religiosi non è permesso mangiare carne o altri prodotti animali. 6. A condire le varie portate.

7. I più ricchi mangiano il pane bianco; i poveri e i contadini il pane nero. 8. Si beve con o senza spezie e frutta. 9. Mele e pere.

6

A. 1. È un commerciante di spezie e stoffe. 2. Ama la vita spensierata. 3. La guerra tra Assisi e Perugia. 4. Perchè Francesco vuole rinunciare alle sue ricchezze e questo è inconcepibile per molte persone. 5. Vende le stoffe del padre e porta il denaro al prete di San Damiano. 6. È basata sulla povertà, umiltà, penitenza e carità. 7. Una fanciulla che desidera lasciare tutto ciò che ha per vivere in povertà. 8. Il Presepio. 9. Un inno alla vita, dono di Dio.

7

A. 1. Con una coppia di zii. 2. A leggere, scrivere, l'aritmetica, usare le monete straniere, selezionare i prodotti, manovrare le navi da carico. 3. Diciassette. 4. 21. 5. Navi e cammelli. 6. Ispettore del sud e dell'est della Cina, suo ambasciatore personale, governatore della città di Yanghou. 7. Il matrimonio della principessa Cocacin con il re di Persia. 8. Portano pietre preziose, seta, porcellana e altri oggetti di valore. 9. È fatto prigioniero dai genovesi. 10. Detta il *Milione*. 11. È un famoso scrittore. 12. Parla di luoghi fino ad allora sconosciuti e della modernità dell'impero di Kublai Khan. 13. È una fonte inesauribile di notizie su paesi lontani e fino ad allora sconosciuti.

Ripasso 2
A. 1. Commercio. 2. Esigenze. 3. Banchetto. 4. Carne. 5. Aiutare; ammalati. 6. 1223. 7. Imperatore Kublai Kan. 8. Il *Milione*. 9. Luoghi.

Cruciverba 6
Orrizontali: 3. Pesce. 5. Milione. 7. Assisi. 9. Città. 11. San Francesco. 12. Spezie. *Verticali:* 1. Venezia. 2. Forchetta. 4. Vino. 6. Bianco. 8. Cina. 10. Pepe.

8

A. 1. Il governo personale di un «signore». 2. Una vita tranquilla e culturalmente progredita. 3. Il giorno di Capodanno del 1449. 4. Sì.

Infatti, a otto anni legge già la Sacra Scrittura. 5. Sia per la sua cospicua dote che per dare parvenza di nobiltà alla sua famiglia, ricca, ma non nobile. 6. In politica estera agisce da moderatore tra i vari stati italiani ed europei; in politica interna controlla personalmente il governo della città. 7. È una cospirazione organizzata dalla famiglia Pazzi per uccidere Giuliano e Lorenzo de' Medici. 8. Giuliano muore. I Pazzi vengono impiccati. 9. Lorenzo fa di Firenze la culla dell'arte italiana. 10. Che l'arte contribuisce allo sviluppo della civiltà.

9

A. 1. Nel centro di Genova. 2. Il tessitore di lana. 3. Impara molte lingue, legge libri di geografia, studia le carte nautiche e la Bibbia. 4. Che la terra è rotonda. 5. I sovrani di Spagna. 6. Circa due mesi. 7. Patate, cacao, tabacco, mais. 8. Dimenticato da tutti e in difficili condizioni finanziarie.

Cruciverba 7
Orizzontali: 3. Portoghese. 4. Valladolid. 7. America. 10. Atlantico. 11. Palos. *Verticali*: 1. Diego. 2. San Salvador. 5. Isabella. 6. Cavallo. 8. Rotondo. 9. Pinta.

10

A. 1. Falso. 2. Vero. 3. Falso. 4. Vero. 5. Vero. 6. Falso. 7. Vero. 8. Vero. 9. Vero.

11

A. 1. Perchè ci sono molte tasse da pagare e i prodotti alimentari aumentano ogni giorno di più. 2. Spesso è scoperto, bastonato e portato in prigione. 3. Don Giulio Genoino. 4. La rivolta della popolazione contro i gabellieri del vicerè. 5. Il vicere è costretto a togliere le gabelle e a fare molte concessioni, mentre Masaniello diventa capopopolo. 6. Può fare leggi e parlare ai nobili liberamente. 7. Perchè non vogliono perdere i loro privilegi. 8. È avvelenato e decapitato.

12

A. 1. Abolire i privilegi e rendere più efficiente l'amministrazione statale. 2. Perchè il territorio è diviso in tanti stati. 3. Napoli. 4.Tutte. 5. Avvocati, mercanti, magistrati, funzionari. 6. Obbliga i feudatari a pagare le tasse di successione e vieta loro di opprimere i sudditi; vieta al clero di aumentare il numero delle chiese; regola il diritto d'asilo e i poteri del foro ecclesiastico. 7. La reggia di Caserta, la reggia di Capodimonte, il teatro San Carlo, l'Albergo dei Poveri, gli scavi di Pompei ed Ercolano. 8. È nominato re di Spagna, in seguito alla morte del fratellastro. 9. Suo figlio Ferdinando di soli nove anni.

Ripasso 3

1. Signore di Firenze. 2. Mediatore. 3. Rotonda. 4. Le Indie Orientali. 5. Un nuovo continente/l'America. 6. Il sole. 7. Ad abiurare. 8. Contro il governo spagnolo. 9. Dai suoi stessi compagni di rivolta. 10. In condizioni poverissime. 11. Tutti i settori della vita pubblica.

Cruciverba 8

Orrizontali: 1. Pescivendolo. 3. Signoria. 5. Pisa. 6. Pazzi. 7. Tassa. 9. Riforme. 10. Governo. *Verticali:* 2. Cannocchiale. 3. Settecento. 4. Il Magnifico. 5. Pinta. 8. Sole.

13

A. 1. L'indipendenza dallo straniero e l'unità d'Italia. 2. Società Segrete. 3. Conte torinese, ministro del re del Piemonte Vittorio Emanuele II. 4. Attua riforme in tutti i campi, favorendo, così, la modernizzazione del Regno Sabaudo. 5. Perchè in politica estera si rivela un abile diplomatico, tessendo una rete di alleanze a vantaggio del Piemonte. 6. Con la spedizione dei Mille. 7. Torino e Firenze. 8. Con l'appoggio della Prussia. 9. Roma viene occupata dall'esercito italiano e proclamata capitale d'Italia. 10. In uno stato libero c'è anche libertà di religione.

14

A. 1. Le regioni del Nord sono economicamente più progredite, hanno una rete ferroviaria sviluppata e sono meglio organizzate amministrativamente, mentre le regioni del Centro e del Sud sono molto povere, prive di comunicazioni e luoghi di frequenti epidemie. 2. Le campagne sono zone invivibili. 3. Nel sud e nelle isole. 4. Perchè devono contribuire al sostentamento delle loro famiglie. 5. No. Si parlano vari dialetti. 6. Bisogna unificare leggi, sistemi monetari e di misura. Costruire scuole, ospedali, strade, e tutte le altre infrastrutture. 7. Per cercare di risolvere i problemi. 8. Perchè toglie manodopera alle famiglie povere. 9. Si impadroniscono di tutto quello che trovano. 10. Non si verifica alcun miglioramento delle condizioni del Mezzogiorno.

15

A. 1. La rottura dei rapporti commerciali con la Francia e l'istituzione dei dazi doganali. 2. Industrie metallurgiche, meccaniche, navali tessili, alimentari, chimiche. 3. Il cotone e la seta. 4. Prodotti farmaceutici e gomma. 5. È la zona più sviluppata dell'Italia compresa tra le città di Torino, Milano e Genova. 6. L'eruzione del Vesuvio e il terremoto di Messina e Reggio Calabria. 7. Cerca di creare posti di lavoro al Sud. 8. La crisi dell'industria e la miseria del Mezzogiorno. 9. Povera gente, analfabeta, senza assistenza o protezione da parte dello Stato.

Ripasso 4

A. 1. Attua una politica di riforme. 2. Aiuta il Piemonte. 3. Decidono l'annessione al Piemonte. 4. Con la spedizione dei Mille. 5. Molti bambini lavorano per aiutare le loro famiglie. 6. Devono fare il servizio militare. 7. Il risultato è modesto. 8. Nascono la Fiat, la Montecatini, la Pirelli. 9. Vogliono migliorare la qualità della loro vita.

Cruciverba 9

Orizzontali: 1. Società. 5. Firenze. 9. Torino. 10. Analfabetismo. 11. Giolitti. 12. Fiat. *Verticali:* 1. Segrete. 2. Montecatini. 3. Tessitore. 4. Garibaldi. 6. Acquedotto. 7. Emigranti. 8. Germania.

16

A. 1. Disoccupazione, svalutazione della lira, debito pubblico. 2. Perchè sperano che risolva la crisi economica. 3. Neutrale. 4. La realizzazione di una società produttiva e capitalistica. 5. La crisi economica, il

disaccordo tra i partiti, la morte del papa. 6. Il re affida a Mussolini l'incarico di formare un nuovo governo. 7. Scioglie le organizzazioni sindacali, si libera degli oppositori, controlla la stampa. 8. Per accelerare il processo della loro emancipazione sociale. 9. A causa della disoccupazione maschile e della concezione fascista che vede la donna come casalinga. 10. Nelle scuole nasce una nuova disciplina, quella della cultura fascista. 11. Aumentando la produzione interna con la battaglia del grano e la bonifica delle paludi. 12. Un accordo tra il governo italiano e la Santa Sede che vede al papa affidata la sovranità della Città del Vaticano e il cattolicesimo religione ufficiale.
13. Conquista l'Etiopia e si accorda con Hitler. 14. Sono allontanati dalle scuole e dalle università, non possono votare, nè avere un lavoro, nè contrarre matrimoni misti. 15. Per paura, per indifferenza e per sfiducia nelle istituzioni.

17

A. 1. Miseria, disoccupazione, distruzione. 2. Democrazia Cristiana, Partito Socialista, Partito Comunista. 3. Per scegliere tra repubblica e monarchia. 4. La repubblica. 5. Luigi Einaudi.

18

A. 1. Disoccupazione, inflazione, scarsità dei beni di prima necessità, tensioni nelle fabbriche e nelle compagnie. 2. Governo formato dalla Democrazia Cristiana e dai partiti minori di centro. 3. Il rilancio dell'economia grazie all'aumento delle esportazioni e al basso costo della manodopera. 4. Diminuire la miseria del Sud, distribuendo le terre ai contadini. 5. Per favorire lo sviluppo del Sud. 6. Il periodo in cui l'aumento della produzione e la crescita dei consumi fanno sperare in un miglioramento delle condizioni economiche del paese. 7. Perchè non sono in grado di far crescere i salari, di non far abbandonare le campagne e di creare sovrastrutture nelle città che accolgano gli immigrati. 8. L'intervento dello stato nella ricostruzione economica del paese. 9. Il partito socialista ed il partito comunista.

Ripasso 5

1. C'è la crisi economica che impedisce lo sviluppo dell'occupazione, fa svalutare la lira e danneggia la produzione. 2. Spera in un miglioramento delle condizioni economiche. 3. Il suo è un regime totalitario. 4. Li usa per coinvolgere le masse. 5. Inizia la battaglia del grano e la bonifica di alcune zone paludose. 6. L'Italia entra in guerra. 7. Scelgono la repubblica. 8. Sono formati da Democrazia cristiana, Partito socialdemocratico e Partito liberale. 9. Economicamente l'Italia resta divisa in due parti.

Cruciverba 10

Orizzontali: 3. Hitler. 5. Umberto II. 7. Economico. 9. Dittatura. 10. Einaudi. 11. Patti Lateranensi. 12. Somalia. *Verticali:* 1. Camicia nera. 2. Governi di centro. 4. Riforma agraria. 6. Roma. 8. Repubblica.

19

A. 1. La fine dell'alleanza tra Partito Comunista e Partito Socialista. 2. Con l'alleanza tra Democrazia Cristiana, Partito Socialista, Partito Socialdemocratico e Partito Repubblicano. 3. La scuola unica obbligatoria e il decentramento amministrativo. 4. Agevola i contatti tra cittadini e potere politico-amministrativo. 5. Dall'ideologia marxista-leninista che è contro il sistema capitalistico e la cultura borghese. 6. I sindacati. 7. Esplode una bomba nella banca dell'agricoltura. 8. La legge sul divorzio e la riforma del diritto di famiglia.

20

A. 1. Sono gli anni '70/'80 segnati da attività terroristiche. 2. No, il Movimento sociale e il Partito radicale si astengono. 3. Le Brigate Rosse. 4. Il terrorismo nero, di destra, fa ricorso ad attentati dinamitardi e diffonde il panico nel paese per favorire una svolta autoritaria. Il terrorismo rosso, di sinistra, è contro il capitalismo e lo stato borghese. 5. Vara la legge sui pentiti, che concede sconti di pena a chi collabora.

21

A. 1. Falso. 2. Falso. 3. Vero. 4. Vero. 5. Vero. 6. Vero.

22

A. 1. Partito democratico della sinistra. 2. È lo scandalo che riguarda il finanziamento pubblico dei partiti. 3. Berlusconi. 4. Governi di centro-sinistra. 5. 2001. 6. È una coalizione di centro-sinistra formata da Romano Prodi per contrastare quella di centro destra formata da Berlusconi. 7. Gianfranco Fini. 8. La sospensione dei processi alle più alte cariche dello Stato. 9. Answers may vary. 10. Rimane fedele alla linea della tradizione ecclesiastica. 11. È il nuovo papa.

Ripasso 6

1. Falso. 2. Vero. 3. Vero. 4. Vero. 5. Falso. 6. Vero. 7. Vero. 8. Vero. 9. Vero. 10. Vero.

Cruciverba 11

Orizzontali: 1. Benedetto XVI. 8. Bomba. 9. Terrorismo. 11. Decentramento. 12. Giovanni Paolo II. *Verticali:* 2. Divorzio. 3. Stato sociale. 4. Autunno. 5. Monocolore. 6. Forza Italia. 7. Sindacati. 10. Berlusconi.

Parte terza

Volevo i pantaloni

1. 1. Perchè pensa che la tonaca e i pantaloni glieli diano in convento. 2. Fa molto caldo. 3. Vuol dire che il duro lavoro degli uomini e il fertilizzante aiutano la terra a produrre frutti. 4. 30 minuti; vi arriva molto stanca e sudata. 5. Una monaca. 6. Che vuole farsi monaca. 7. Perchè vorrebbe che il padre fosse morto. 8. Perchè non poteva più darle da mangiare; non aveva abbastanza soldi per lei. 9. Per farsi accettare in convento. 10. Un bicchiere d'acqua. 11. Un divano, un tavolino, due sedie e un baule. 12. Quella della Madonna e del crocifisso. 13. Perchè voglio portare i pantaloni. 14. Che le monache non portano i pantaloni e che per portare i pantaloni è necessario essere uomini. 15. Answers may vary.

Le luci di Roma

1. 1. In un bar vicino alla stazione. 2. Vicino ai sacchi di caffè. 3. Iginio e il narratore preparavano il caffè. Sabatucci e due commesse vendevano gli altri prodotti. 4. Gente di tutte le razze. Perchè il bar era vicino alla stazione. 5. Erano i burini. Bevevano il caffè e discutevano dei loro affari. 6. Perchè il bar era frequentato da prostitute. 7. Perchè tartagliava.

2. 1. Perchè il narratore incontrò Drusilla mentre lavorava al bar Sabatucci. 2. Si voltavano a guardarla. 3. Bruna, alta e ben fatta. 4. Una sigaretta. 5. Perchè le altre donne non rifiutavano mai niente. 6. Un burino, piccoletto e bruno. 7. Pensò che fosse anche lei una prostituta.

3. 1. Per le paste. 2. Pagò e se ne andò. 3. Attirava l'attenzione di uno dei burini e si faceva pagare da mangiare da questi. 4. Perchè non riceveva niente in cambio. 5. Un giorno in cui nel bar non c'erano clienti.

4. 1. Una pagnotta, un salamino, del formaggio e della frutta secca. 2. Fredda e senza mobili. 3. Andava in un bar, si faceva offrire un caffellatte e poi diceva che era fidanzata. 4. Era dispiaciuto per le misere condizioni in cui viveva Drusilla. 5. Avevano una trattoria. 6. Roma era una città viva, a Campagnano non c'era niente da fare.

5. 1. Un sensale di campagna. 2. Aveva una giacca a vento col bavero di volpe e i pantaloni infilati negli stivali. 3. Verso Drusilla. La prese per un braccio e le ordinò di andare con lui. 4. Cercò di difendersi. Poi chiamò Tullio. 5. Intervenne nella lite. 6. Al commissariato. 7. Tullio fu licenziato.

6. 1. Camicetta nera e gonna verde. 2. Secondo autista per una ditta di piccoli elettrodomestici. 3. È un piccolo paese con poche case e molta campagna. 4. Era una grande stanza, buia, con tavoli di legno e sedie di paglia. 5. La sguattera. 6. Perchè, spinta da un cliente fuori dalla macchina, si era ritrovata a poca distanza dal suo paese. 7. Perchè voleva vedere le luci di Roma. 8. La libertà, l'autonomia, la voglia di vivere.

Sintesi

Parti 1–2. 1. Vicino alla stazione. 2. Varie persone; burini. 3. Imbottiti. 4. Prostitute. 5. Tartagliava; piacevano. 6. Drusilla. 7. Guardarla. 8. Rifiutò. 9. Andarono via; Sedersi.

Parti 3–4. 1. Paste; caffellatte. 2. Pagò. 3. A spese dei burini. 4. Amici. 5. Invitò. 6. Mobili. 7. Da casa. 8. Senza battere il marciapiede. 9. Si stringeva il cuore. 10. Una trattoria. 11. A letto con le galline; Roma.

Parti 5–6. 1. Seguirlo. 2. Uno schiaffo. 3. Tullio. 4. Picchiare; Sabatucci. 5. Al Commissariato. 6. Licenziato. 7. Secondo autista; il campionario. 8. Capitò. 9. Trattoria; sguattera. 10. A scrocco. 11. Dalla macchina. 12. Ritornata. 13. Le luci di Roma.

1. Falso. 2. Falso. 3. Falso. 4. Vero. 5. Vero. 6. Vero. 7. Vero. 8. Falso. 9. Vero. 10. Vero. 11. Vero. 12. Falso. 13. Falso. 14. Vero. 15. Vero. 16. Falso. 17. Vero. 18. Falso.

Vita

1. A. 1. Rappresentano un diverso livello di vita. 2. Diamante con un abito di cotone consumato e una federa sulle spalle; Vita con un vestito a fiori molto sporco. 3. Perchè non erano vestiti bene come gli altri passanti. 4. Sporca nella parte vicino al porto; stupenda e lussuosa sulla Broadway. 5. Le donne americane erano alte, magre e bionde; le donne di Minturno erano vestite di nero, portavano il corpetto ricamato e le sottane. Vita sperava di diventare come le donne americane.

2. A. 1. Perchè pensavano che fossero due piccoli ladri. 2. Le prendevano a sassate. 3. Spinse Diamante nei magazzini Macy's.

3. A. 1. Perchè i poliziotti li inseguivano. 2. Un mondo che non conosceva fatto di cose belle e affascinanti (calze di seta, e di cotone, guanti, sciarpe, foulard). 3. In un ascensore.

4. A. 1. Perchè non ne aveva mai visto uno. 2. Perchè aveva paura che li rapisse, come nelle storie raccontate da sua madre. 3. Non le fece coraggio perchè aveva paura dell'ascensore. 4. Perchè nelle storie che la madre le raccontava quando era bambina l'uomo nero appariva come il più spregevole degli esseri viventi. 5. Answers may vary.

5. A. 1. Perchè pensavano che fosse campagna. 2. Si sdraiarono sul prato. 3. Un italiano.

6. A. 1. Che non potevano restare nel parco perchè chiudeva. 2. Se erano appena arrivati; se erano soli; se erano fratelli. 3. Che non erano fratelli, ma conoscenti. 4. Perchè era italiano. Con lui potevano parlare e farsi capire.

7. A. 1. Era una cantina di una casa in costruzione; al posto del materasso c'era un cartone, latte vuote ed una tavola servivano da tavolo. 2. La vita a Tufo e a Minturno e il viaggio sul piroscafo. 3. Delle posate d'argento. 4. È un gesto ingenuo, proprio da bambina.

8. 1. Come portafortuna, perchè sperava di ritornare a casa un giorno. 2. Si mostrò gentile ed interessato alla loro vita. 3. Che non si viveva bene. 4. Perchè, come tutti i ragazzi, Diamante era pieno di speranze nel futuro e l'ambulante gliele voleva spegnere.

9. A. 1. L'ambulante aveva portato via tutto quello che avevano. 2. Rimase a letto cercando di non piangere. Non gli sembrava vero che l'ambulante avesse tradito la loro fiducia. 3. Perchè voleva evitarle un dolore.

10. A. 1. Cominciò ad urlare, prese Diamante per un orecchio, chiese consiglio ad un collega. 2. Venivano rimpatriati. 3. Perchè non voleva che gli altri pensassero che lui fosse un ladro. 4. Tutti gli oggetti che aveva portato con sè dall'Italia. 5. 18 Prince Street. Era un indirizzo.

Sintesi

A. Parti 1–5. 1. Bella. 2. Fatiscenti. 3. Scalza, lurido. 4. Federa.
5. Inosservati. 6. Finte, paese. 7. Macy's. 8. Sciarpe; forcine.
9. Ascensore, nero. 10. Si aprirono. 11. Antincendio; parco.

Parti 6–10. 1. Ambulante; rimanere. 2. Domande. 3. Fratelli.
4. Italiano, canzoni. 5. Seguirlo. 6. Cantina. 7. Sporca. 8. Raccontò;
aveva portato. 9. Vino; Italia; ricchi. 10. Si svegliò; tutte le loro cose.

B. 1. Vero. 2. Vero. 3. Falso. 4. Vero. 5. Falso. 6. Falso. 7. Falso. 8. Vero.
9. Vero. 10. Falso.

Vocabolario

A

l' **abbellimento** embellishment

àbile (adj., m. or f.) skillful

l' **abitànte** (m. or f.) inhabitant

abitàre to live

abiurare to abjure

   l' **abiura** abjuration

a.C. b.C.

accattivante (adj., m. or f.) captivating, fascinating

l' **accétta** hatchet

accettare to accept

acchiappare to grab

acciàio steel

accògliere (p.p. **accolto**) to receive, to welcome

accompagnàre to accompany

l' **accòrdo** agreement

   d'accordo in agreement

l' **acquedotto** aqueduct

acquistàre to buy

addentàre to bite

l' **addìo** final good-bye

addobbare to decorate

adesso now

adottàre to adopt

   adottìvo(-a) adopted

affacciàrsi to appear, to lean out

l' **affàre** bargain, deal; (pl.) business

affascinato(-a) fascinated, enchanted

l' **affermazione** statement

afferrare to grab

affiancare to accompany

affidare to entrust

affollare to crowd

   affollato(-a) crowded

affrontare to face

l' **aggettivo** adjective

aggrapparsi to cling

aggravare to make worse

aguzzo(-a) pointed

aiutare to help

   l' **aiuto** help

l' **àlbero** tree

alcuno(-a) some

allagato(-a) flooded

allargare to widen

allattare to nurse

allearsi to form an alliance

allegro(-a) cheerful

allevare to raise

allibito(-a) shocked

allontanarsi to go away

allora then

   da allora since then

altezzoso(-a) haughty

alto(-a) tall

l' **altoparlante** loud speaker

altro(-a) other

l' **altura** height

alzare le spalle to shrug one's shoulders

amàbile (adj., m. or f.) lovable, amiable

amare to love

l' **ambasciatore** ambassador

l' **ambiente** (m.) enviroment

l' **ambulante** (m. or f.) peddler

l' **amicizia** friendship

l' **amico(-a)** friend

l' **ammalato(a)** ill

amméttere (p.p. **ammesso**) to admit

l' **ammiraglio** admiral

ammirare to admire

ammobiliato(-a) furnished

ammuffito(-a) moldy

ampio(-a) wide, spacious

l' **analfabetismo** illiteracy

anche even, also, too

ancora still, yet

andare to go

    andare a piedi to walk

    andare in bicicletta to ride a bicycle

    andare in gita to go for (on) a trip

    andare via to leave

l' **anello** ring

l' **ànice** anise

l' **animale di peluche** stuffed animal

annebbiato(-a) cloudy

annèttere (p.p. **annesso**) to annex

l' **anno** year

l' **antenato(-a)** ancestor

antiaèreo(-a) antiaircraft

antico(-a) old

antipàtico(-a) unpleasant

l' **antro** cave

aperto(-a) open

l' **appalto** bid

apparecchiare to set the table

apparire (p.p. **apparso**) to appear

    l' **apparizione** appearance

l' **appartenenza** belonging

appèndere (p.p. **appeso**) to hang

appoggiare to support

    appoggiata supported

    l' **appoggio** support

appositamente purposely

apprezzare to appreciate

approfittare to take advantage of

aprire (p.p. **aperto**) to open

l' **aratro** plough

l' **arbitro** arbiter, judge, referee

l' **argomento** subject

l' **arma da fuoco** firearm

l' **armadio** wardrobe

arredato(-a) furnished

arretrato(-a) backward, underdeveloped

l' **arricchimento** enrichment

arrivare to arrive

l' **arrosto** roast

arrugginire to rust

l' **artéfice** maker, author

l' **artìcolo** article

l' **artigiano(-a)** artisan

arzillo(-a) lively

ascoltare to listen to, to pay attention to

l' **asilo** asylum

l' **asinello** little donkey

aspettare to wait for

assaggiare to taste

assegnare to assign, give

assestato(-a) well-arranged

assicurato(-a) guaranteed, assured

assomigliare to look like

assùmere (p.p. **assunto**) to hire, to undertake

attaccar discorso to start chatting

attaccare to attack, to begin

attendìbile reliable

l' **attentàto** attack

    attentato dinamitardo dynamite attack

attirarsi to draw upon

l' **attività** activity, job

l' **attóre** actor

attraversàre to cross

    attraversabile able to be crossed

attrezzare to equip

  l'**attrezzatura** equipment

attuare to put into effect

l' **augurio** wish

l' **àula** classroom

aumentare to raise

l' **aumento** increase

austrìaco(-a) Austrian

l' **autogrill** roadside restaurant

l' **autostòp** hitchhiking

avere to have

l' **avvenire** future

avventarsi to grab greedily, to throw oneself

l' **avvocato** lawyer

avvolgere (p.p. **avvolto**) to wrap

gli **Azzurri** Italian national soccer team

B

il **bacino** basin

il **bagno** bathroom

il **bambino** child

la **bàmbola** doll

la **bancarella** booth

il **banchetto** banquet

il **banco** counter, desk

la **banconota** paper money

basso(-a) short

il **bassorilievo** bas-relief

basta enough

bastonare to beat

la **battaglia** battle

bàttere to beat, to hit, to defeat

    bàttere il marciapiede to prostitute oneself

il **baule** trunk

il **bàvero** lapel

la **Befana** Epiphany

bèllico(-a) of war

bello(-a) beautiful

il **bene** good, happiness, love

i **beni di consumo** consumer products

beni di prima necessità basic necessities

beninteso of course, naturally

bere to drink

bersagliare di sassate to stone

bianco(-a) white

la **biblioteca** library

il **bidello** janitor, custodian

il **biglietto** ticket, card

    il **biglietto d'auguri** greeting card

biondo(-a) blond

bisbètico(-a) ill-tempered

la **bisca** casino

bisognare to be necessary

il **boccone** mouthful

la **bolgia infernale** infernal abyss

la **bomba** bomb, brioche with chocolate

la **bombetta** top hat

la **bonìfica** drainage

la **bottega** shop

la **bottoniera** control panel

il **bracciante** laborer

le **brache** underwear

il **bràno** passage

bravo(-a) good

la **breccia** slit, breach

le **bretelle** suspenders

breve (adj., m. or f.) brief, short

il **bricco** coffeepot

il **brigantaggio** brigandage (primarily, a peasant war directed especially against the agrarian bourgeoisie)

brillare to shine

il **bue** ox

la **bufera** storm

il **bugiardo** liar

il **burino** peasant

C

cacciare to hunt, to dethrone

il **calcetto** soccer, foosball

il **calcio** soccer

caldo(-a) warm

cambiare to change
  il **cambiamento** change
  il **cambio** exchange
la **Camera** House of
  Representatives
la **càmera** room
il **cameriere** waiter
il **cammello** camel
camminare to walk
la **camorra** a group of
  persons united for
  dishonest and
  dishonorable ends
la **campagna** countryside
il **campanile** bell
il **campionario** sample
candito(a) candied
il **cane** dog
la **cannella** cinnamon
il **cannocchiale** telescope
cantare to sing
il **cantiere** shipyard
la **canzone** song
la **capacità** capacity
la **capanna** hut
il **capello** hair
capire to understand
capitanare to command,
  to lead
capitare to happen to be
il **capo** head
Capodanno New Year's
  Day
il **capolavoro** masterpiece
la **cappella** chapel
la **capra** goat

capriccioso(-a) whimsical
la **caravella** ship
il **carbone** carbon
il **càrcere** jail
il **cardinale** cardinal
la **carestìa** famine
la **càrica** office
  in carica incumbent
carino(-a) cute, pretty
la **carne** meat
il **carnevale** time of the year
  preceding Lent (from
  January 7 to Mardi Gras)
la **carta di credito** credit
  card
la **cartolerìa** stationery shop
la **cartolina** postcard
la **casalinga** housewife
casareccio(-a) homemade
cascare to fall into a trap
il **casinaro** troublemaker
il **caso** case
  per caso by chance
il **castello** castle
il **castellano** lord of a
  castle
il **castigliano** Castilian
  Spanish
il **catenaccio** padlock
il **catrame** tar
la **càusa** cause
  a causa di because of
il **cavaliere** knight
il **cavallo** horse
la **cavità** hollow, chamber
i **ceci** chick peas

cèdere to concede, to give up

centèsimo(-a) hundredth

il **centèsimo** cent

cento hundred

centocinquanta one hundred fifty

il **centro** center, downtown

cercare to search

il **cercine** pad, cushion

il **cervo** deer

il **ceto** social class

la **chela** claw

chiacchierare to chat
le **chiàcchiere** chit-chat

chiamare to call

chiaro(-a) clear

chièdere (p.p. **chiesto**) to ask

la **chiesa** church

chìmico(-a) chemical

il **chiostro** cloister

cicciottello(-a) chubby

il **cinghiale** wild boar

cinquantesimo(-a) fiftieth

cinque five

circa about, around

circondare to surround

citare to cite

la **città** city

la **cittadinanza** citizenship

la **civiltà** civilization

il **clero** clergy

il **cocchio** two-wheeled charriot

il **coccolone** person who likes to be cuddled

il **còdice** ancient manuscript, law

il **codice postale** zip code

codici manuscripts

il **cognome** surname

coinvòlgere (p.p. **coinvolto**) to involve

il **colle** hill

la **collina** hill

il **colloquio** oral exam, interview

la **colluttazione** fight

il **colono** farmer

coloro those

colpire to hit, to affect

il **colpo di stato** coup d'etat

coltivare to cultivate

colto(-a) cultured, scholar

la **coltura** cultivation

come how, as

cominciare to begin, to start

la **comitiva** group

il **commando** commando unit

la **commissione** committee

còmodo(-a) comfortable

il/la **compaesàno(-a)** fellow villager

il **còmpito** task, homework

il **complesso** band

il **complotto** conspiracy

comporre (p.p. **composto**) to compose

il **comportamento** behavior
comportarsi to behave
comprare to buy
comune (adj., m. or f.)
ordinary
il **conciatore** tanner
il **concime** manure
concludere (p.p.
concluso) to end
il **concone** water vessel
condire to season
la **condiscendenza** pleasure
condonare to forgive
condonare i debiti to
forgive the debts
confortévole (adj., m. or
f.) comfortable
la **congiura** conspiracy
il **còniuge** (m. or f.) spouse
connèttere (p.p.
connesso) to join, to link,
to connect
conòscere (p.p.
conosciuto) to know, to
meet
conquistare to conquer
consegnare to hand over
conseguire to obtain
consentire to allow, to
permit
il **consigliere** counselor
il **consumo** consumption
i consumi consumer
goods
il **contadino** farmer
contattàre to contact

contegnoso(-a) serious
contemporàneo(-a)
contemporary
contenere to contain, to
hold
la **contestazione**
antiestablishment activity
il **conto corrente** checking
account
la **contrada** district
il **contrario** opposite
contro against
convìncere (p.p.
convinto) to convince
il **corpetto** corset
la **corporazione** guild
il **corridoio** corridor
corrispòndere (p.p.
corrisposto) to be the
equivalent of
la **corsa** race
il **corso d'acqua** stream
cortese (adj., m. or f.)
polite
il **cortile** courtyard
così in this way
cosiddetto(-a) so-called
il **cospiratore** conspirator
costare to cost
costrìngere (p.p.
costretto) to force
costruire to build, to set
up
la **cottura** baking, cooking
la **créscita** growth
la **creta** clay

crollare to collapse

la cruciverba crossword

la cucina kitchen

cucinare to cook

il/la cugino(-a) cousin

la culla cradle

culminare to culminate

il cultore lover, enthusiast

il cuore heart

la cùpola dome

curare to take care of

custodito(-a) kept

D

la danza dance, ballet

dare to give

il datore di lavoro employer

davanti in front of

il dazio customs duties

decappottàbile (adj., m. or f.) convertible

il decentramento decentralization, devolution

decìdere (p.p. deciso) to decide

il decreto order

delirare to become delirious

deluso(-a) disappointed

il denaro money

desiderare to want

il destinatario addressee

destra right

dettare to dictate

dicembre December

diciassette seventeen

diciotto eighteen

dieci ten

difficile (adj., m. or f.) difficult

diffòndere (p.p. diffuso) to spread

la diffusione diffusion

difilato straight

dilagare to spread

diligente (adj., m. or f.) hardworking

dimenticare to forget

diméttersi to resign

le dimissioni resignation

dimorare to live

la dinastia dynasty

il diniego refusal

il dio (pl. dei) god

dipendere (p.p. dipeso) to depend on

dipìngere (p.p. dipinto) to paint

dire (p.p. detto) to say, to tell

il diritto law, right

il discorso speech

discùtere (p.p. discusso) to discuss

la disegno drawing, design, plan

disgraziàto(-a) jerk

dislocato(-a) posted

disoccupato(-a) unemployed

la **disoccupazione** unemployment

dissentire to disagree
  il **dissidio** disagreement

il **dissesto** crack

distaccato(-a) detached, aloof

distrùggere (p.p. **distrutto**) to destroy

il **dito** (pl. **le dita**) finger

il **divano** sofa

il **divario** difference

diventare to become
  divenire becoming

diverso(-a) different

divertirsi to have fun
  divertente (adj., m. or f.) fun
  il **divertimento** fun

divìdere (p.p. **diviso**) to divide

la **divisa** uniform, sport clothes

la **divorare** to devour, to eat up

il/la **docente** professor

dòdici twelve

il **dolce** sweet, candy

la **domanda** question

doménica Sunday

la **donna** woman

il **dono** gift

dopo then, after(ward)

dormire to sleep

la **dote** dowry

il **dottorato** doctoral degree

dove where

dovere to have to, must

il **dovere** duty

due two

duecento two hundred

durante during

durare to last

E

l' **eccezione** (f.) exception

ecco here is

l' **edile** aedile (a Roman official)

l' **edilizia** construction industry

l' **efferratezza** brutality

egli he

elèggere (p.p. **eletto**) to elect

l' **elettore** (m.) elector, voter

l' **ente** (m.) organization, institution

entrambi both

entrare to go in, to come in, to enter

l' **entroterra** inland

eppure and yet

l' **equipaggio** crew

ereditario(-a) inherited

l' **eresia** heresy

erìgere (p.p. eretto) to erect

l' esame (m.) exam
    esame di maturità high school final exam

l' esecutivo government
  esecutivo (-a) executive

l' esempio example

esìgere (p.p. esatto) to demand
    esigente (adj., m. or f.) demanding

l' esigenza need

l' esilio exile

espèllere (p.p. espulso) to expel

l' esperienza experience

esplicare to carry out

l' esponente (adj., m. or f.) representative

èssere to be
    essere al servizio di to be at the service of

essersi reso conto to realize

esterno(-a) from outside

èstero(-a) foreign
    all'estero abroad

estrarre (p.p. estratto) to draw

estrascolastico(-a) extracurricular

l' età age

evitare to avoid

F

la fàbbrica factory
la faccia face
la facciata facade
la faina stone marten
  fallire to fail
la famiglia family
la fanciulla girl
la fanciullezza childhood
  fantàsioso(-a) with a lively imagination
  fàre (p.p. fàtto) to do, to make
  fare ricorso a to resort to
  far fronte a to face, to cope with
la farina flour
  farsi vento to fan oneself
  faticóso(-a) tiring
  fatiscente (adj., m. or f.) crumbling
  favorire to favor
la fede faith
    fedele (adj., m. or f.) faithful
  felice (adj., m. or f.) happy, pleased
  femminile (adj., m. or f.) feminine, female
  fermarsi to stop
il ferro iron
la ferrovìa train station
la festa party, holiday
  festeggiare to celebrate
il feudatario feudal lord

il	**fèudo** feudal lands, fief			**fornito(-a)** equipped
il	**fiammifero** match		la	**fortezza** fortress
il	**fico d'India** prickly pear		la	**forza** strength, force
la	**fiera** fair		il	**foulard** scarf
la	**figlia** child, daughter			**fragile** (adj., m. or f.) fragile
il	**figlio** child, son		il	**francobollo** stamp
il/la	**figlio(-a) unico(-a)** only child		la	**frase** sentence
	filaccioso(-a) frayed			**fratellastro** stepbrother, half brother
la	**filastrocca** nursery rhyme		il	**fratello** brother
il	**film giallo** thriller			**frequentare** to attend
il	**finale** ending			**fresco(-a)** cool, fresh
il	**finanziamento** fund			**frizzante** (adj., m. or f.) sparkling, vivacious, lively
la	**fine** end		la	**frontiera** border
	finire to finish		il	**frumento** wheat
	fino a until, up to		la	**fucilata** shot
	finora up to now			**a fucilate** (to die) shot dead
il	**fioraio** florist			**fuggire** to run away; fig. to fly by
il	**fiore** flower			**funebre** (adj., m. or f.) sepulchral
il	**fiorino** florentine currency		il	**fungo** mushroom
il	**fischietto** whistle			**furbo(-a)** smart
il	**fisco** revenue			
il	**fiume** river			
il	**flagello** calamity			
	floreale (adj., m. or f.) floral			
la	**fogna** sewer			
	fondare to found			
la	**fonte** source			
la	**forcina** hairpin			
	forestiero(-a) foreigner		la	**gabella** tax
la	**forma** shape		la	**Gallia** France
il	**formaggio** cheese		la	**gallina** hen
	formare to form, to make		la	**gara** competition
	formoso(-a) well-built, handsome, shapely		il	**garòfano** carnation, clove
			il	**gatto** cat

G

il	**gelato** ice cream		la	**giunca** junk (Chinese boat)
il/la	**gemello(-a)** twin			**glaciale** (adj., m. or f.) glacial
il	**gènere** kind, gender			**godersi** to enjoy
i	**generi alimentari** groceries			**goloso(-a)** glutton
il	**genitore** parent		la	**gomma** gum, rubber
	gennaio January		il	**governo** government
la	**gente** people			**governo di solidarietà nazionale** government supported by all parties

il **gelato** ice cream

il/la **gemello(-a)** twin

il **gènere** kind, gender

i **generi alimentari** groceries

il **genitore** parent

gennaio January

la **gente** people

gentile (adj., m. or f.) kind

Gesù Jesus

gettare to throw

già already

giallo(-a) yellow

il/la **giapponese** Japanese

giocare to play

il **giocatóre** player, gambler

il **gioco** game

giocoso(-a) joyful, merry

il **giornale** newspaper

il **giornaletto a fumetti** comic book

la **giornata** daytime

   a giornata by the day

il **giorno** day

   il **giorno di magro** day of abstinence

giòvane (adj., m. or f.) young

giovedì Thursday

la **gioventù** youth

girare to turn, to go around

il **giro** tour, round

la **gita** excursion

giudizio(-a) judgement, decision

la **giunca** junk (Chinese boat)

glaciale (adj., m. or f.) glacial

godersi to enjoy

goloso(-a) glutton

la **gomma** gum, rubber

il **governo** government

   governo di solidarietà nazionale government supported by all parties

   governo monocolore one-party government

il **gradino** step

il **grado** rank, degree

   in grado di able to

graffiare to scratch

il **granaio** granary, barn

grande (adj., m. or f.) big

grandioso(-a) grand, magnificent

il **grattacielo** skyscraper

gratùito(-a) free of cost

greco(-a) Greek

grosso(-a) big, large

guadagnare to earn

guardàre to look

   guardare storto to give a nasty look

la **guerra** war

il **guerriero** warrior

gustare to taste

I

l' **idràulico** plumber

ieri yesterday

ignudo(-a) bare, nude, naked

illuminare to enlighten

imbottito(-a) filled, stuffed

imméttere (p.p. **immesso**) to bring, to let, to introduce

impacchettare to pack

impadronirsi to take possession of

impappinarsi to be confused, to stumble

imparare to learn

impegnarsi to engage (oneself)

    impegnato(-a) engaged, busy

    l' **impegno** engagement

impennacchiato(-a) with plumed hat

l' **imperatore** emperor

impiccare to hang

l' **impiegato** employee

    l' **impiegatuccio** low-level employee

impossessarsi to seize

l' **imprenditore** entrepreneur

l' **impresa** task, enterprise, firm

improvvisamente suddenly

impugnare to hold

l' **imputato** defendant

incamminarsi to start walking

incantato(-a) enchanting

incapace (adj., m. or f.) incapable

incapottato(-a) with coat

l' **incàrico** task

l' **inchiesta** inquiry

l' **incidente** incident

incolto(-a) uncultivated

incominciàre to begin, to start

inconciliàbile (adj., m. or f.) incompatible

incontentabile (adj., m. or f.) insatiable, hard to please

incontrare to meet

incrinare to undermine

l' **indàgine** investigation

indietreggiare to move back

indietro behind, back

indifeso(-a) undefended

l' **indirizzo** address

individuare to identify

l' **indomani** (on) the following day

indossare to wear, to put on

indugiare to stop a while

l' **industria** industry, factory

infagottato(-a) bundled up

l' **infanzia** childhood
infatti in fact
infilarsi to put into
infine finally
influente (adj., m. or f.)
influential
infuriarsi to become
infuriated
l' **ingegnere** engineer
l' **ingresso** entrance
iniziare to start
l' **inizio** beginning
innamorarsi to fall in love
innànzitutto first of all
l' **inno** hymn
inoltrarsi to enter
inoltre besides, also,
moreover
l' **inquisizione** inquisition
(a Roman Catholic
ecclesiastic tribunal
having as its primary
objective the discovery,
punishment, and
prevention of heresy)
insaporito(-a) flavored
l' **insediamento**
establishment, settlement,
taking over
l' **insegna** sign
insegnare to teach
l' **inserimento** integration
insieme together
insomma in short
insòrgere (p.p. **insorto**) to
uprise

instaurare to establish, to
install
intercettare to intercept
l' **interesse** interest
interno(-a) inland
interrogare to question
intervistare to interview
l' **intimazione** command
intorno around
intraprèndere (p.p.
intrapreso) to undertake
intrigante (adj., m. or f.)
scheming
introdurre (p.p.
introdotto) to introduce,
to offer
invece instead (of)
l' **inverno** winter
l' **invidia** envy
invitare to invite
l' **invitato** guest
l' **involto** bundle
io I
iscrìversi (p.p. **iscritto**)
to enroll
islandése Icelandic
l' **ìsola** island
l' **isolato** city block
ispezionare to inspect
ispirarsi to be inspired
l' **istituto** institute
l' **istruzione** education

L

la **làmpada** lamp

la **lana** wool

lanciare to throw

lasciare to leave

il **latifondo** large estate

la **latta** can

il **latte** milk

la **làurea** university degree

il **laureando** senior student candidate for the university degree

la **lavanderìa** laundromat

lavorare to work

   il **lavoro** work, job

la **legge** law

lèggere (p.p. **letto**) to read

leggerezza lightness

la **legittimità** legitimacy

il **legno** wood

il **lembo** strip

la **lente** lens

il **leone** lion

la **lèttera** letter

il **letterato** scholar

la **letteratura** literature

il **letto** bed

la **lettura** reading

la **lezione** lesson, class

liberato(-a) freed

lìbero(-a) free

la **librerìa** bookcase, bookstore

il **libretto** small book

il **libretto universitario** university report card

il **libro** book

il **liceo classico, scientifico** academic high school

la **lìngua** tongue

lìngua stranièra foreign language

liscio(-a) smooth, glossy; straight (as in drinks)

liso(-a) worn

litigare to fight

il **livello** level

la **lode** praise

lògoro(-a) worn out

lontano(-a) far

la **lotta** fight, struggle, conflict

lotta armata armed struggle

lotta operaia worker conflict

la **luce** light

luglio July

luminoso(-a) bright

lunedì Monday

il **lungomare** seafront

il **luogo** place

la **lupa** she wolf

lùrido(-a) filthy

M

la **màcchina** machine; car

la **macchia solare** sunspot

il **macchinario** machinery
macinare to grind
  la **macinazione**
    grinding
la **madre** mother
maggio May
la **màglia** T-shirt
magro(-a) thin
mai never
il **maiale** pig, pork
maiolicato(-a) majolica
malato(-a) sick
la **malavita** organized crime
il **malcontento**
  dissatisfaction
malizioso(-a) malicious
la **mancanza** lack
mancare to be left, to
  miss, to faint, to lack
la **manciata** handful
mandare to send
mandare al confino to
  force to reside in a certain
  location
la **màndorla** almond
il **manganello** night stick,
  club
mangiare to eat
Il **manichino** mannequin
la **mano** hand
la **manodòpera** manpower,
  labor
manovrare to maneuver
il **manubrio** handle
il **mare** sea
il **marito** husband

marocchino(-a) Moroccan
marzo March
maschile (adj. m. or f.)
  male, masculine
la **massaggiatrice** masseuse
màssimo(-a) highest
la **materia** subject
la **mattina** morning
il **mattone** brick
la **mattonella** tile
il **mecenate** patron
il **mèdico** doctor
la **melanzana** eggplant
meno less
la **mènsola** shelf, wall
  bracket
la **mente** mind
  vera mente mastermind
il **mento** chin
mentre while
il **mercante** merchant
mercantile (adj., m. or f.)
  commercial
la **merce** merchandise
il **mese** month
il **mestiere** job, trade
la **meta** destination, goal, aim
metallizzato(-a) metallic
  finish
méttere (p.p. **messo**) to
  put
  méttere da parte to put
  to one side
la **mezzanotte** midnight
il **mezzo** means of
  transportation

il **Mezzogiorno** southern
   Italy

mezzóra half hour

il **miglio** mile

migliorare to improve

la **mina** mine

minacciato(-a) threatened

il **Ministero della Pubblica
   Istruzione** Department
   of Education

mirare to sight, to aim at

la **miscela** mixture

misero(-a) miserable

il/la **mittènte** sender

il **mobile** piece of furniture

la **moglie** wife

molto(-a) a lot of

la **mònaca** nun

mondiale (adj., m. or f.)
   world, worldwide

il **mondo** world

la **moneta** currency, coin
   la **monetina** small coin

mòrbido(-a) soft

morire (p.p. **morto**) to die
   la **morte** death

morto(-a) di fame down-
   and-out

mostrare to show

il **motivo** reason

il **motofurgoncino** van

il **motorino** moped

il **movimento** movement,
   flow

la **mucca** cow

il **mugnaio** miller

muòvere (p.p. **mosso**) to
   move

il **muraglione** high wall

il **muro** wall

il **mutamento** change

N

napoletàno(-a)
   Neapolitan

nàscere (p.p. **nato**) to be
   born
   la **nàscita** birth

nascòndere (p.p.
   nascosto) to hide
   di nascosto secretly

il **naso** nose
   il **naso aquilino** hawk
   nose

il **Natale** Christmas

natalizio(-a) (adj.)
   Christmas

la **nave** ship
   la **nave da carico** cargo
   ship

il **navigatore** navigator

il/la **negoziante** shopkeeper

il **negozio** store

il **nemico** enemy

il **neonato** newborn

nero(a) black

la **neve** snow

niente nothing

il **nipote** grandson,
   nephew

la **nipote** granddaughter,
   niece

la **noce moscata** nutmeg

la **nonna** grandmother

il **nonno** grandfather

la **norma** law, norm, rule

la **notizia** piece of news

noto(-a) known, famous

la **notte** night

nove nine

il **nùmero** number

nuotare to swim

nuòvo(-a) new
   di nuòvo again

O

obbligare to obligate
   obbligatorio(-a)
     compulsory, required,
     mandatory

gli **occhiali** eyeglasses

occuparsi to dedicate
   oneself

odiare to hate

offrire (p.p. **offerto**) to
   offer

l' **oggetto** object, thing

oggi today

ogni each, every

l' **òpera** work of art

opporsi (p.p. **opposto**) to
   oppose

opprìmere (p.p. **oppresso**)
   to oppress, to tyrannize

ora now

l' **ora** hour
   ora di punta rush
    hour

l' **ordinamento** rules,
   regulations, system

l' **oréfice** goldsmith

l' **òrfana** orphan

organizzare to organize

orgoglioso(a) proud

ormai by now, at this
   point

l' **oscillazione** oscillation

ospitare to host

l' **òspite** (m. or f.) guest

l' **ospizio** hospice

osservare to observe

ossuto(-a) bony

ostentare to show, to show
   off

l' **osterìa** tavern

ottenere to obtain, to
   earn

òttimo(-a) very good,
   excellent

ovunque everywhere

P

pacato(-a) calm, quiet

il **pacchetto** small package

il **pacco** package

la **pace** peace

il **padre** father

il **padrone di casa** landlord

paffutello(-a) chubby

pagare to pay

la **pàgina** page

la **paglia** straw

la **pagnotta** bread

il **palazzo** building, palace

il **palazzo del Comune** town hall

la **palestra** gymnasium

la **pallacanestro** basketball

il **paltò** winter coat

la **palude** marsh

il **pane** bread

paragonare to compare

la **parete** wall

la **parità** equality

parlare to talk

parlottare to chat

la **parola** word

parrocchiale (adj., m. or f.) parish

partire to leave

la **partita** game

partiti della maggioranza majority parties

il **partito** political party

passare to pass (go) by, to spend

passeggiare to walk

il **passo** step

la **pasticcerìa** pastry shop

il **pastore** shepherd

la **patata** potato

patatine fritte french fries

la **patria** homeland

patrizio(-a) patrician

il **patrono** protector

la **paura** fear

la **pazzìa** insanity

la **pècora** sheep

il/la **pediatra** pediatrician

la **pelle** skin, leather

il **pelo** hair

il **pèndolo** pendulum

pensare to think

il **pentapartito** five-party government

perchè why, because

percòrrere (p.p. **percorso**) to go through

perdere to lose, to miss

perdere di vista to lose sight of

la **pèrdita** loss

perfezionare to make perfect

pericoloso(-a) dangerous

per lo più mainly

la **permanenza** stay

persìno even

personalizzato(a) personalized

il **pesce** fish

il **pescivéndolo** fish vendor

il **pesco** peach tree

il **peso** weight

piacere to like

il **piano** floor

piantare to plant, to leave

piantonare to guard

il **piatto** dish

la **piazza** square

picchiare to hit, to beat

pìccolo(-a) small, little

il pidocchio louse

il piede foot

la pietanza dish

la pietra stone

il piombo lead

la piscina pool

il pittore painter

placare to calm down

plagiare to plagiarize

la plebe common people

la poesìa poem

poi then

poiché since

i polacchi the Polish

polièdrico(-a) multifaceted

la polìtica politics

la poltrona armchair

il pomeriggio afternoon

il ponte bridge

la porcellana porcelain

porre (p.p. posto) to put

la porta door

portare to bring, to take

portare a termine to conclude

la portata course (of a meal)

il pòrtico arch

il porto port

le posate silverware

la posta post, mail

per posta prioritaria by priority mail

al posto di instead of, in place of

il potenziamento strengthening

potere can, to be able to

il potere power

il poverino poor boy

pòvero(-a) poor

la pozzànghera puddle

il pozzo well

il pranzo lunch, dinner

precario(-a) unstable, precarious

il precettore tutor

precisino(-a) very precise

predicare to preach

il predicozzo scolding

preferire to prefer

pregare to pray

premio prize

prèndere (p.p. preso) to take

prendere in giro to tease

preoccupato(-a) worried

preparare to prepare

il presepio nativity scene

il prèside principal

la presidenza principal's office

presieduto(-a) da presided over

pressi, nei on the outskirts

presso at, nearby

il pretore praetor

previdente (adj., m. or f.) far-seeing

la **previdenza sociale** social security

prezioso(-a) precious

il **prigioniero** prisoner

prima before

primo(-a) first

il **prìncipe** prince

   principe azzurro Prince Charming

   il **principino** little prince

principalménte mainly

privare (p.p. **privato**) to deprive

il **processo** trial

il **procònsole** military commander

procurare to get, to give

proficuo(-a) profitable

il **profumo** perfume, scent

progettare to plan, to design

programmare to plan, to program

progredire to make progress, to improve

proibire to prohibit

prométtere (p.p. **promesso**) to promise

pronunciare to pronounce

pròprio(-a) own, at all

proseguire to proceed

il **pròssimo** fellow creatures

pròssimo(-a) next

la **prova** exam, evidence, proof

provare to try

proveniente coming from

pulire to clean

il **pùllman** bus

pungente (adj., m. or f.) sarcastic

puntato(-a) pointed

il **punto** point, period

puntuale (adj., m. or f.) punctual, on time

purtroppo unfortunately

Q

il **quaderno** notebook

il **quadro** picture

   il **quadrétto** small picture

quàdro(-a) square

qualche a few, some

   qualche volta sometimes

quale such as

quando when

   da quando since

quaranta forty

la **Quarésima** Lent

il **quartiere** district, section

quasi almost

quattòrdici fourteen

quattro four

il **quesito** question

questo(-a) this

il **questore** police commissioner

qui here
quinto(-a) fifth
quotidiano(-a) daily

R

raccògliere (p.p. **raccolto**) to collect, to gather
il **raccolto** harvest
raccontare to tell
la **ragazza** girl
il **ragazzo** boy
raggiungere (p.p. **raggiunto**) to reach
la **ragione** reason
rallentare to slow down
il **ranocchio** frog
rapire to kidnap
    il **rapimento** abduction, kidnapping
rappresentare to represent, to symbolize
rasentare (i muri) to brush up against (the walls)
il **re** king
    i re Magi Wise Men
recarsi to go
la **recinzione** fence
la **rècita** show, performance
la **redazione** editorial office
redìgere (p.p. **redatto**) to draw up, to draft
il **regalo** gift
la **reggia** royal palace

il/la **regista** director
regnare to reign
il **regno** kingdom
la **règola** rule
il **relatore** advisor
la **reliquia** relic
rendersi conto to realize
respìngere (p.p. **respinto**) to reject
respirare to breath
restituire to pay back
il **resto** change
la **rete** web
ribelle rebellious
ricamato(-a) embroidered
ricavare to deduce
le **ricchezze** riches
ricco(-a) rich
la **ricerca** research
ricévere to receive, to host
richiamare to call back, to bring back
la **richiesta** request, demand
la **ricompensa** reward
ricordàre to remember, to remind
ridere (p.p. **riso**) to laugh
ridurre (p.p. **ridotto**) to diminish
rifiutare to refuse
rifugiarsi to take refuge
il **rifugio antiaereo** air-raid shelter
rigato(-a) lined
rilassato(-a) relaxed

rilèggere (p.p. **riletto**) to reread

rimanere (p.p. **rimasto**) to remain

rimetterci (il posto) to lose one's job

riméttere (p.p. **rimesso**) to replace

la **rimozione** removal

rimproverare to reprimand

rimunerativo(-a) profitable

rinascimentale (adj., m. or f.) renaissance

la **rinàscita** rebirth

ringraziare to thank

rinnovarsi to modernize

rinsaldare to fortify

rintracciare to track down, to find

rinunciare to give up

ripercuòtersi (p.p. **ripercosso**) to have repercussions

riposarsi to rest

la **ripresa** (econ.) revival of trade

riscoprire to rediscover

riservato(-a) discreet

il **riso** rice

risòlvere (p.p. **risolto**) to solve

rispettivamente respectively

rispettivo(-a) respective

risplèndere to shine; fig. to stand out

rispòndere (p.p. **risposto**) to answer, to reply

ristrutturato(-a) restored

ritardo late

ritenere to consider, to believe

ritornare to return

riunirsi to meet, to gather

riuscire to succeed, to manage

la **riva** shore

rivendicare to claim

rivestito(-a) covered

la **rivista** magazine

la **rivolta** riot, insurrection

il **romanzo** novel

rosa (color) pink

la **rosa** rose

il **rosmarino** rosemary

rosso(-a) red

la **rottura** breaking off

la **rùggine** rust

il **rustico di campagna** country person

S

S. St., Saint

sàbato Saturday

saggio(-a) wise

il **saio** frock, habit

la **sala** room

sala da pranzo dining room

il **sale** salt

la **salina** rock-salt mine

salutare to greet, to say good-bye

la **salvia** sage

sancire to sanction

sanguinoso(a) bloody

la **Santa Sede** Holy See

il/la **santo(-a)** saint

sapere to know

sapiente learned

sbalordire to astonish

sbarcare to disembark, to land

sbirciare to get a glimpse

lo **sbirro** policeman

sbraitare to shout

la **scala** stairs

la **scala antincendio** fire escape

scalcagnato(-a) Sabih

scalinata steps

scalzo(-a) barefoot

lo **scarponcino** boot

scattante quick

lo **scavo** excavation

scégliere (p.p. **scelto**) to choose

la **scélta** choice

a scélta as preferred

scemotto(-a) stupid

scéndere (p.p. **sceso**) to descend, to get down

lo **schiavo** slave

schieràre to deploy

schierarsi to line up, to side with

sciacquare to rinse

sciògliere (p.p. **sciolto**) to melt, to dissolve

lo **sciòpero** strike

lo **scirocco** wind from the Lybian deserts that blows on the northern Mediterranean coast

scocciato(-a) annoyed, bored

la **scodella** bowl

scomparire (p.p. **scomparso**) to disappear

sconcertante (adj., m. or f.) disconcerting

sconfiggere (p.p. **sconfitto**) to defeat

la **sconfitta** defeat

lo **scontro** skirmish

scontroso(-a) grumpy

sconvolgente (adj., m. or f.) upsetting

sconvòlgere (p.p. **sconvolto**) to upset

scoppiare to break out

scoppiare a piangere to burst into tears

scoprire (p.p. **scoperto**) to discover

scornato(-a) humiliated

la **scorta** escort

lo **scrittore** writer

la **scrivanìa** desk

lo **scrivano** scribe

scrìvere (p.p. **scritto**) to write, writing

scroccare to scrounge

   a scrocco by scrounging

scrutare to scan, to scrutinize

la **scuola** school

   la **scuola elementare** primary school

   la **scuola media** middle school

   la **scuola media superiore** high school

sdrucito(-a) torn

il **sècolo** century

a seconda di according to

la **sedia** chair

segnare to mark

la **segreteria** secretary's office

il **segretario** secretary

seguente (adj., m. or f.) following

   in seguito later on

sei six

seminare to sow

sempre always

la **sènape** mustard

il **sensale** middleman

sentire to hear, to smell

sentirsi to feel

senza without

seppellire (p.p. **sepolto**) to bury, buried

la **sera** evening

sereno(-a) calm, clear

serpeggiare to spread

sessanta sixty

la **seta** silk

sette seven

settecènto seven hundred

il **Settecento** the eighteenth century

la **settimana** week

severo(-a) strict

sfacciatamente brazenly

la **sfida** match, challenge

la **sfiducia** distrust

lo **sforzo** effort

sgocciolare to drip

sgridare to lecture

sguainare to stick out

la **sguàttera** maid

sia...che both...and

si affaccia leans out

si concludono end

sicuro(-a) safe

il **siepe** fence, hedge

il **sigillo** seal

il **significato** meaning

la **signora** lady, woman, Mrs.

il **signore** gentleman, man, Mr.

signorile (adj., m. or f.) luxurious

simpàtico(-a) nice

il **sindacato** union

il **sìndaco** mayor

sìngolo(-a) single, individual, separate

slanciato(-a) slender

	sociévole (adj., m. or f.) friendly		**sostenere un esame** to take an exam
	soddisfare (p.p. **soddisfatto**) to satisfy, to please		**sotto** under
la	**soffitta** attic		**sottoporre** (p.p. **sottoposto**) to submit, to bring to the attention of
il	**soffitto** ceiling		**sottotèrra** underground
il	**soggiorno** living room		**sottovoce** in an undertone
il	**sognatore** dreamer		**sovraffollàto(-a)** overcrowded
il	**sole** sun		**spagnolo(-a)** Spanish
	solo (adv.) only		**sparire** to disappear
	solo(-a) alone	lo	**spazzacamino** chimney sweep
	somigliare to look like		**spedire** to send
	soppesare to weight	lo	**spendaccione** spendthrift
	sopprìmere (p.p. **soppresso**) to suppress		**spensierato(-a)** carefree
il	**soprannome** nickname		**sperare** to hope
	soprattùtto mainly, above all	la	**spesa** expense
	sopravvìvere (p.p. **sopravvissuto**) to survive		**alle spese di** at the expense of
il	**sopruso** abuse, abuse of power		**spesso** often
la	**sorella** sister	lo	**spettatore** spectator, witness
la	**sorgente** spring		**spettinato(-a)** with dishevelled hair
	sorrìdere (p.p. **sorriso**) to smile	la	**spezia** spice
	sorridente (adj., m. or f.) smiling		**speziato(-a)** containing spices
	il **sorriso** smile		**spiegare** to explain
	sorvegliare to monitor		la **spiegazione** explanation
	sospettato(-a) suspected		**spìngere** (p.p. **spìnto**) to push
la	**sosta** stop	lo	**spintone** shove
	sostenere to support		**spogliarsi** to undress
	la **sostenitrice** supporter		

le **spoglie** remains (of a person)

sporco(-a) dirty

spòrgere (p.p. **sporto**) to stick out

lo **sportello** window

sposarsi to marry

la **spremuta** fresh juice

sprofondarsi to be concentrated

spumante sparkling wine

la **squadra** team

lo **squilìbrio** inequity

lo **stabilimento** plant, factory

staccato(-a) detached

lo **stadio** stadium

la **stagióne** season

stanco(-a) tired

la **stanza** room

    lo **stanzone** large room

la **stella** star

gli **stelle filanti** streamers

lo **stendàrdo** banner, flag

stesso(-a) same

la **stirpe** lineage

la **stoffa** fabric

stonato(-a) off-key; fig. absent-minded, distracted

la **storia** history, story, tale

stòrico(-a) historical

storto(-a) distorted

lo **straccivéndolo** rag-and-bone man

la **strada** street

la **strage** massacre

straniero(-a) foreign

lo **strattone** tug

strepitoso(-a) extroverted

stretto(-a) narrow

strìngere (p.p. **strétto**) to squeeze

lo **strofinaccio** rag

lo **strozzino** loan shark, usurer

studiare to study

su up, above, on

subire to undergo, to suffer

sùbito at once, immediately

succèdere (p.p. **successo**) to happen, to succeed, to follow

il **successo** success

sùdicio(-a) dirty

il **sùddito** subject

il **sudore** sweat

il **sùghero** cork

la **suora** nun

superare to overcome, to pass

superbo(-a) proud, haughty

la **superficie** surface

suscettìbile (adj., m. or f.) touchy, sensitive

lo **svago** pastime, relaxation

la **svalutazione** decrease of the value

svegliarsi to wake up

svilupparsi to develop

svòlgere (p.p. **svolto**) to do, to practice, to carry out

la **svolta** turning point

T

la **tabaccherìa** tobacco shop

tacere (p.p. **taciuto**) to be silent

tagliare to cut

tale such, like that

talvòlta sometimes

la **tangènte** kickback

tarchiato(-a) stocky

tartagliare to stutter

la **tassa** tax, fee

la **tassa di successione** inheritance tax

il **tàvolo** table

la **tazzona** big cup

la **tellìna** clam

la **tempesta** storm

il **tempio** temple

il **tempo** weather, time

il **tempo libero** free time

la **tenacia** constancy, persistence

la **tenda** curtain

tènero(-a) tender, soft

il **tentativo** attempt

le **terme** public thermal baths

la **terra** earth, land

il **terremoto** earthquake

il **terreno** land

terzo(-a) third

la **tesi** thesis, dissertation

la **tesina** term paper

il **tesoriere** treasurer

tessere to weave

il **tessitore** weaver

testimoniare to witness, to give evidence

il **testo** text

il **tetto** roof

tifàre to be a fan

il **timore** fear

tintinnare to ring (as a bell)

il **tintore** dyer

tirare to pull

il **tìtolo** title

il **tìtolo nobiliare** title of rank

toccare to touch

tògliere (p.p. **tolto**) to take off, to take away

la **tònaca** frock, habit

la **tonnellata** ton

il **tonno** tuna fish; fig. a stupid person

tornare to return

la **torre** tower

tortuóso(-a) winding, tortuous

tra between

la **traduzione** translation

il **tràffico** trading

tranne except, but

trarre (p.p. tratto) to take out, to draw

trascinare to drag
   trascinarsi to drag one's feet

trascòrrere (p.p. trascorso) to spend

la trascuratezza carelessness

trascurato(-a) neglected

trasferirsi to move

la trasformazione transformation

trasméttere (p.p. trasmesso) to broadcast

trattare to deal with

Il trattato treaty, treatise

tre three

trédici thirteen

trenta thirty
   trenta e lode thirty cum laude (with distinction)

trentèsimo(-a) thirtieth

la trincèa trench

trovare to find

truccare to put make up on

truce (adj., m. or f.) threatening

il tubo tube

il tùfo tuff

il tulipano tulip

tutelare to protect

tutto(-a) all, everything
   tutto sommato overall

U

uccìdere (p.p. ucciso) to kill

udire to hear

l' ufficio office

uguale (adj., m. or f.) equal

l' uguaglianza equality

ulteriormente further on

ùltimo(-a) last

ùmile (adj., m. or f.) humble

ùndici eleven

ùnico(-a) only, one, sole

l' uomo (pl. uomini) man

urlare to yell

usare to use

V

la vacanza vacation

varcare to cross

variare to vary, to change

il valore talent, value

vecchio(-a) old

vedere (p.p. veduto or visto) to see

la veduta view, sight, idea

vedute, di larghe open-minded

il veliero sailing ship

veloce (adj., m. or f.) fast

véndere to sell

vendicare to revenge

il **venditore** seller, vender

venerdì Friday

venire to come

venticinque twenty-five

vero true, isn't it

il **versante** side

il **véscovo** bishop

la **vestale** a virgin consecrated to the Roman goddess Vesta

vestirsi to get dressed

la **vetrìna** window

la **via** road, street

viaggiare to travel
  il **viandante** traveler

il **viaggio** trip

la **vicenda** event

il **viceré** viceroy

il **vicino** neighbor

vicino(-a) near

vietare to forbid

la **vigilia** eve

vìncere (p.p. **vinto**) to win

il **vino** wine

la **vita** life

vìvere (p.p. **vissuto**) to live

i **vìveri** victuals

vivo(-a) alive

viziato(-a) spoiled

la **voce** voice
  ad alta voce loudly

volere to wish, to want

il **volgare** vernacular

la **volpe** fox

la **volta** time, turn

la **vongola** clam

votàre to vote

il **voto** grade

il **vulcano** volcano

Z

lo **zafferano** saffron

la **zia** aunt

lo **zio** uncle

zoppicare to limp

lo **zùcchero** sugar

la **zuppa** soup